C.H.BECK ■ WISSEN

Lateinamerika war das «erste Amerika» im Zeitalter der Entdeckungen. Es war die Säule der ersten europäischen Kolonialreiche und Schnittstelle riesiger Menschen- und Warenströme aus vier Kontinenten. Doch nicht nur die «entdeckenden» Europäer, sondern auch die ursprünglichen Bewohner gestalteten die Geschichte Lateinamerikas. Lateinamerika wurde zum Land der Befreiung vom Kolonialismus und zum Kontinent der Diktatoren. Im Zeitalter der neuen Globalisierung bleibt Lateinamerika ein Brennpunkt und ein Labor von Entwicklungen, die weit über den Kontinent hinausweisen.

Stefan Rinke ist Professor für Geschichte Lateinamerikas am Lateinamerika-Institut und am Friedrich-Meinecke-Institut der Freien Universität Berlin. Bei C.H.Beck erschien zuletzt mit Frederik Schulze: *Kleine Geschichte Brasiliens*.

Stefan Rinke

GESCHICHTE LATEINAMERIKAS

*Von den frühesten Kulturen
bis zur Gegenwart*

Verlag C.H.Beck

Die erste Auflage dieses Buches erschien 2010.

Mit vier Karten, gefertigt von Peter Palm, Berlin

2., aktualisierte Auflage. 2014

Originalausgabe
© Verlag C.H.Beck oHG, München 2010
Satz: Fotosatz Amann, Memmingen
Druck und Bindung: Druckerei C.H.Beck, Nördlingen
Umschlagentwurf: Uwe Göbel, München
Printed in Germany
ISBN 978 3 406 60693 9

www.beck.de

Inhalt

Vorwort — 6

I. Ursprünge und frühe Kulturen, bis ca. 900 n. Chr. — 7

II. Indigene Kulturen bis zum Kontakt mit den Europäern, ca. 900–1540 — 15

III. Entdeckung, Eroberung und Aufbau der Kolonialreiche, 1492–1570 — 22

IV. Konsolidierung und Reform im 17. und 18. Jahrhundert — 38

V. Revolutionäre Wege in die Unabhängigkeit, 1760–1830 — 53

VI. Staatenbildung und Weltmarktintegration, 1830–1910 — 68

VII. Nationalismus und globale Krisen, 1910–1945 — 86

VIII. Demokratien und Diktaturen im Schatten des Kalten Kriegs, 1945–1990 — 99

IX. Die Herausforderungen der neuen Globalisierung — 114

Grunddaten zur lateinamerikanischen Geschichte — 121

Literaturauswahl — 124

Personenregister — 127

Vorwort

Die Entdeckung einer für die Europäer neuen Welt ist der Ursprung der «Neuzeit» und der Beginn einer Globalisierung, die sich mittlerweile enorm beschleunigt und intensiviert hat. Lateinamerika war das «erste Amerika» des Zeitalters der Entdeckungen. Es war die Säule der ersten europäischen Kolonialreiche und Schnittstelle von Menschen- und Warenströmen aus vier Kontinenten. Doch nicht nur die «entdeckenden» Europäer, sondern auch die ursprünglichen Bewohner, denen sie dabei – selten friedlich und meist gewaltsam – begegneten, gestalteten die Geschichte Lateinamerikas. Das gilt auch für die vielen Menschen aus Afrika und Asien, die als Sklaven nach Lateinamerika verschleppt wurden oder dort Arbeit suchten. Die Vorfahren der Menschen, auf die Kolumbus traf, hatten Jahrtausende zuvor das Land besiedelt und ganz unterschiedliche Lebensweisen hervorgebracht und sollten dies auch nach der Eroberung allen Unkenrufen von ihrem «Aussterben» zum Trotz weiter tun. Heute, im Zeitalter der neuen Globalisierung und zweihundertjährigen Unabhängigkeit, des *bicentenario*, vieler Länder der Region, bleibt Lateinamerika ein Brennpunkt von Entwicklungen, die weit über den Kontinent hinausweisen.

Eine Geschichte Lateinamerikas von den Anfängen der menschlichen Besiedlung bis zur Gegenwart im vorgegebenen Format kann nur die zentralen Entwicklungslinien aufzeigen und muss auf viele wichtige Aspekte verzichten. So werden etwa die präkolumbischen Kulturen im Folgenden nur gestreift. Informierte Leserinnen und Leser werden weitere Lücken entdecken, die sich auch in der 2. Auflage nicht vermeiden ließen. Dieser Essay will die lateinamerikanische Geschichte in Grundzügen darstellen und eine Orientierung ermöglichen – nicht mehr und nicht weniger.

Berlin, im April 2014 *Stefan Rinke*

I. Ursprünge und frühe Kulturen, bis ca. 900 n. Chr.

Amerika ist der Erdteil der Wanderungen. Es gilt mittlerweile als gesichert, dass die ersten Menschen in die für sie neue Welt einwanderten, da sich dort bislang nur Überreste des Homo sapiens haben finden lassen. Wann die Wanderungen sich abspielten, woher und auf welchem Weg die Menschen kamen, ist wissenschaftlich nach wie vor umstritten. Größtenteils akzeptiert ist heute die These, dass eine Migration über eine eiszeitliche Landbrücke in der Beringsee aus Sibirien nach Alaska stattfand. Lange Zeit galten die archäologischen Funde von Projektilspitzen um den Ort Clovis im heutigen New Mexico, die bewiesenermaßen von ca. 11 500 v. Chr. stammen, als die ältesten Nachweise menschlicher Existenz. Wenn dies so war, wären Teile der Migranten in der Folgezeit rasch weiter nach Süden gewandert, um innerhalb der folgenden rund 1000 Jahre bereits Feuerland zu erreichen.

Diese relativ rasche Verbreitung über den gesamten Doppelkontinent gab Anlass zu Zweifeln. Seit 1997 hat sich die Vor-Clovis-These durchgesetzt, deren Anhänger seit Jahrzehnten behauptet hatten, dass die erste Besiedlung lange zuvor stattgefunden haben müsse, ohne dafür gesicherte Anhaltspunkte zu haben. Mit der Datierung der Funde im chilenischen Monte Verde auf das Jahr 12 500 v. Chr. sind die Zweifel an dieser These im Wesentlichen ausgeräumt. Die Arbeiten in Monte Verde zeigen, dass die Jäger und Sammler bereits in der Lage waren, ein provisorisches Dorf aus Tierfellen und Holz mit Gemeinschaftskochstellen anzulegen.

Diese Erkenntnis wird durch archäologische Funde der letzten Jahre in Brasilien erhärtet. So fanden sich in Zentralbrasilien, im Nordosten und in Amazonien Spuren, die zwischen 11 500 und 13 000 Jahre alt sind. Wie Monte Verde zählen sie zu den frühesten Zeugnissen menschlicher Präsenz im amerikanischen Doppelkontinent. Nur unwesentlich jünger, dafür aber wesentlich umfangreicher und aufschlusskräftiger sind die Fundstätten der Lagoa-Santa-Kulturen, die ihren Namen nach den im heutigen Bundesstaat Minas Gerais gefundenen menschlichen Überresten – darunter die berühmte 1975 entdeckte brasilianische Ikone «Luzia» aus Lapa Vermelha – haben.

Insgesamt lassen die neuesten Funde darauf schließen, dass die Wanderungen der ersten Menschen in Amerika entweder einige tausend Jahre vor der Clovis-Kultur stattgefunden haben oder dass es noch andere Migrationswege gegeben hat. Für letztere Version ist die Theorie aufgestellt worden, dass es eine Besiedlung übers Meer von Südostasien und Ozeanien aus gegeben habe. Doch bleibt die Frage, ob die ersten Amerikaner unterschiedliche Ursprünge hatten oder ob es sich um eine einzige Einwanderergruppe gehandelt hat, aus der heraus sich über die Jahrtausende die so heterogenen Bevölkerungen und Kulturen entwickelten, letztlich bislang unbeantwortet.

Bei den frühen Menschen in Amerika handelte es sich um Jäger und Sammler, die in erster Linie von der Megafauna lebten, doch starb diese mit dem Ende der Eiszeit ab ca. 10 000 v. Chr. aus. Fleischliche Nahrung stand vermutlich deshalb im Vordergrund, weil ihre Beschaffung weniger Risiken barg als pflanzliche. Andererseits ging durch die Jagd die Zahl der Tiere zurück, sodass die Gruppen gezwungen waren weiterzuziehen. Die These, dass die Menschen am Aussterben der Megafauna durch Überjagung schuld gewesen sein könnten, wird heute zumeist abgelehnt. Die Forschung geht davon aus, dass diese Entwicklung vor allem auf den Klimawandel und auf Veränderungen der Vegetation zurückzuführen ist.

Um das Jahr 8000 v. Chr. präsentierte sich Lateinamerika in seinen naturgeographischen Gegebenheiten so, wie wir es heute kennen. Diese Konstellationen und die archäologischen Funde lassen im Wesentlichen acht Großräume erkennen, die sich von Norden nach Süden, von Mesoamerika über ein Zwischengebiet aus Zentralamerika und dem nördlichen Südamerika, die

Karibik, die Zentralanden, die Südanden, das tropische Tiefland und Ostbrasilien bis zum südlichen Kegel (*Cono Sur*) erstreckten. In den meisten Regionen setzte nun der Prozess der Sesshaftwerdung ein, wenngleich die Funde in Monte Verde lehren, dass dies punktuell auch schon vorher der Fall gewesen war. Es sind für diesen Zeitraum eine größere Bandbreite an Gerätschaften nachweisbar, die von Beilen bis hin zu Mahlwerkzeugen reichen. Auch die Jagdmethoden wurden ausgefeilter. Die Jagd nach Seesäugetieren erforderte Wasserfahrzeuge, die die Besiedlung von Karibikinseln wie Trinidad (um 5000 v. Chr.), Kuba und Hispaniola (um 3000 v. Chr.) – die Insel der heutigen Staaten Haiti und Dominikanische Republik – ermöglichte.

Insgesamt kam es zu einer Ausdifferenzierung der Kulturen. Entlang der Küsten sind Siedlungen mit Muschelhaufen entdeckt worden, die sich auf ca. 5000 v. Chr. datieren lassen. In diesem Zeitraum vollzog sich der Übergang vom Wildbeuter zum Sammler. Hinzu trat die stärkere Nutzung pflanzlicher Nahrungsmittel. Sammelte man zunächst noch Wildpflanzen, so konnten bald die ersten Kulturpflanzen genutzt werden. Funde aus Mesoamerika und der zentralen Andenregion zeigen, dass es sich dabei um Speisekürbis, Chili-Pfeffer, Avocado, Bohnen und Knollenfrüchte handelte. Selten lässt sich allerdings eindeutig klären, ab wann es sich tatsächlich um Kulturformen handelte. Dieses Problem stellt sich beispielsweise bei der botanischen Bewertung der ältesten Funde der Maispflanze in Mexiko um 5000 v. Chr. Der Anbau von Mais, der für die amerikanischen Kulturen sehr wichtig werden sollte, breitete sich wohl relativ schnell sowohl nach Süden als auch nach Norden aus.

Die frühen Formen des Pflanzenanbaus dienten der Ergänzung der Nahrungsversorgung. Bedingte der Nahrungserwerb anfangs noch das jahreszeitliche Wandern, so setzte sich mit der Zeit eine Wirtschaftsweise durch, die durch das Anlegen von Vorräten einen längeren Aufenthalt in ein und derselben Region ermöglichte. Das machte die Anlage von Siedlungen mit festen Unterkünften notwendig, von denen frühe Überreste (um 3500

v. Chr.) beispielsweise an der peruanischen Küste und in Ecuador gefunden wurden.

Im zentralen Andenraum kam es bereits sehr früh zur Viehhaltung (Lama, Meerschweinchen). Es entstanden besondere Bauten wahrscheinlich für Sakralzwecke, die sich im dritten vorchristlichen Jahrtausend in der Region verbreiteten. Auf die Existenz von Dauersiedlungen weist auch die Anlage von Friedhöfen hin. Was die Bestattungsformen angeht, so haben die künstlichen Mumien der Chinchorro-Kultur im Norden des heutigen Chile (ca. 5000 v. Chr.) besonderes Aufsehen erregt, da sie zu den weltweit ältesten Exemplaren zählen. Rechnet man hinzu, dass technische Erfindungen wie die Metallverarbeitung, die Weberei und das Töpfern auf das vierte und dritte vorchristliche Jahrtausend zu datieren sind und dass Funde aus diesem Zeitraum auf Handelstransaktionen verweisen, dann lässt sich das Ausmaß des Wandels bis 2000 v. Chr. ermessen. Besonders interessante Funde haben Archäologen in den letzten Jahren im bis dahin kaum erforschten Amazonasbecken gemacht. So fanden sich im nördlichen Küstengebiet des Bundesstaats Maranhão Keramiken, die mindestens 5500, vielleicht sogar 7000 Jahre alt sind. Es handelt sich dabei höchstwahrscheinlich um die ältesten Keramikfunde des amerikanischen Doppelkontinents. Wahrscheinlich ist auch, dass der Maniok, der vor rund 4000 Jahren erstmals in Peru angebaut wurde, ursprünglich aus dem Amazonasbecken stammte.

Bereits ca. 1800 v. Chr. wurden an der peruanischen Küste Bewässerungssysteme angelegt. Auf dieselbe Zeit lassen sich die frühesten Funde von Keramiken im heutigen Südmexiko (Chiapas), Guatemala und in der zentralen Andenregion datieren. Im Andenraum entwickelte sich im zweiten vorchristlichen Jahrtausend die Bearbeitung von Metall etwa durch Löten, Gießen und Legieren entscheidend weiter. An der Verbreitung von Techniken und Nutzpflanzen lässt sich die Zunahme der Austauschbeziehungen ablesen. Der Handel bildete eine Grundlage für die Entstehung religiöser und künstlerischer Zentren, die an der Küste und im Hochland des Andenraums bereits auf das vierte Jahrtausend v. Chr. zurückzuführen sind. So entstand im Casma-Tal am Cerro Sechín eine frühe Monumentalarchitektur. Ab ca. 1100 v. Chr. war Chavín de Huántar im nördlichen Peru mit seinem Stil prägend und gab einer Kultur ihren Namen, deren Architektur, Skulptur und Keramik lange dominant blieben.

Eine ähnliche formative und überregional verbindende Rolle wie Chavín in Südamerika spielte ungefähr zur selben Zeit die Kultur der Olmeken in Mesoamerika. Die wichtigsten Zeremonialzentren La Venta, San Lorenzo und Tres Zapotes lagen an der südlichen Golfküste des heutigen Mexiko. Die Steinreliefs und Pyramidenbauten in dieser Region deuten darauf hin, dass es sich um ein frühes Staatswesen mit Handelsbeziehungen bis nach Costa Rica handelte, von wo man Jade und Kakao importierte. Die Olmeken entwickelten nicht nur einen Kalender mit 260 Tagen, sondern auch Ansätze zu einer Schrift.

Nahe den olmekischen Kerngebieten kam es in Guatemala und den heutigen mexikanischen Bundesstaaten Chiapas und Oaxaca zu unabhängigen kulturellen Entwicklungen. Sie gipfelten um 400 v. Chr. im Aufstieg des Zentrums um Monte Albán, wo die Schrift weiterentwickelt wurde. Rund 100 Jahre später lässt sich in Oaxaca auch das Ballspiel nachweisen, das sich mit seiner religiösen Bedeutung in ganz Mesoamerika verbreiten sollte. Monte Albán erreichte seine Blütezeit ab 200 n. Chr. Fünf Jahrhunderte lang war die Stadt ein bedeutendes sakrales und politisches Zentrum der Zapoteken. Monumentale Paläste und Sakralbauten waren von den Wohnbezirken der nicht privilegierten Schichten abgegrenzt. Die Hochzeit war die als klassisch bezeichnete Phase von 200 bis 900 n. Chr.

Weiter nördlich, im Hochtal von Mexiko, konkurrierten seit 200 v. Chr. die beiden Stadtstaaten Teotihuacán und Cuicuilco miteinander. Teotihuacán konnte sich ab 150 n. Chr. gegen ihre von Vulkanausbrüchen heimgesuchte Konkurrentin durchsetzen und stieg binnen weniger Jahrhunderte zu einer der größten Städte der damaligen Welt auf. Auf einem Areal von 20 km² lebten in der Blütezeit zwischen 200 und 600

n. Chr. an die 200 000 Menschen. Zunächst gewann die Stadt als religiöses Zentrum an Bedeutung, wovon die eindrucksvollen Pyramiden Zeugnis ablegen. Bald entfaltete sie auf Grundlage der Obsidian-Verarbeitung auch wirtschaftliche und politische Macht. Teotihuacán dominierte den mesoamerikanischen Raum und errichtete Stützpunkte und Kolonien entlang der wichtigen Handelsrouten. Die Stadt zog Menschen aus anderen Regionen an, die in eigenen Stadtvierteln lebten. Auch in dieser nach einem Raster angelegten Stadt waren die Wohnviertel der Oberschicht von denen der Masse der Bevölkerung getrennt.

Obwohl Teotihuacán eine beeindruckende Macht entfaltete, blieb in Mexiko Raum für andere Zentren. Neben Monte Albán, mit dem man trotz der ungleichen Größenverhältnisse einen partnerschaftlichen Kontakt pflegte, waren Cholula nahe der heutigen Stadt Puebla mit seiner immensen Sonnenpyramide und El Tajín im heutigen Veracruz solche Mittelpunkte. Als Monte Albán und Teotihuacán um 700 n. Chr. an Macht einbüßten, konnten sich die kleineren Zentren, zu denen auch noch Xochicalco und Cacaxtla zählten, frei entfalten. Das Reich von Teotihuacán brach 50 Jahre später aus nicht geklärten Gründen unter Gewalteinwirkung zusammen, während Monte Albán als Kultstätte bedeutsam blieb.

Parallel zu den Entwicklungen in Zentralmexiko waren im Süden auf der Halbinsel Yucatán und in Teilen Zentralamerikas, wo die Bevölkerung seit ca. 250 v. Chr. stark wuchs, die klassischen Maya-Kulturen entstanden. Die Maya legten zahlreiche Städte mit monumentalen Pyramiden an. Anfangs standen Zentren wie etwa Tikal und Kaminaljuyú unter dem Einfluss Teotihuacáns. Herrscherdynastien mit Gottkönigen bildeten sich heraus, die sich untereinander bekämpften. Wegen ihrer astronomischen Kenntnisse spielten Priester eine wichtige Rolle. Die Maya brachten eine hoch entwickelte Hieroglyphenschrift hervor und stellten Stelen mit Inschriften auf, die eine genauere Datierung ermöglichen. Die Machtentfaltung von Stadtstaaten der klassischen Periode wie vor allem Tikal und Calakmul fiel mit dem Niedergang Teotihuacáns zusammen.

Das relativ abrupte Ende der klassischen Mayakulturen um 900 n. Chr. lässt sich auf Faktoren wie Überbevölkerung, ökologische Probleme, Naturkatastrophen sowie die Eskalation interner und externer Kriege zurückführen.

Eine ähnliche Staatenbildung erfolgte in der Karibik, im südlichen Zentralamerika sowie in den Gebieten der modernen Staaten Kolumbien und Venezuela in diesem Zeitraum nicht. Hier entwickelten sich unabhängig – wenngleich mit Austauschbeziehungen zu den Maya – Kulturen, die Bodenbau betrieben und Keramiken herstellten, aber keine Monumentalarchitektur errichteten. Die Kulturen Zentralamerikas zeichneten sich durch die Bearbeitung von Stein aus, während in Kolumbien, das mit San Agustín ein bedeutendes Zentrum aufwies, darüber hinaus die Metallproduktion Höchstleistungen vollbrachte, wie der Goldschmuck der Calima-Region beweist. Blieb Kolumbien eine Durchgangszone für Einflüsse aus Nord und Süd, so lag Venezuela eher im Abseits. Dort entwickelten sich offenbar ebenso wenig größere Kultzentren wie auf den Antillen.

Neben Mesoamerika avancierten die Zentralanden in der klassischen Phase ab ca. 200 v. Chr. zu einem kulturellen Entwicklungspol. Nach dem Ende des Chavín-Stils bildeten sich zunächst zahlreiche regionale Kulturen heraus. So entstanden entlang der Küste des heutigen Ecuador bedeutende Herrschaften, die Kultstätten anlegten und deren Kunsthandwerk sich mit dem in Kolumbien messen konnte. Die Bahía- und Tolita-Kultur führten technische Neuerungen bei der Gold-, Kupfer- und Bleiverarbeitung ein.

An der Nordküste des heutigen Peru entwickelte sich ab 200 n. Chr. die Moche-Kultur auf der Basis eines zentralisierten Staatswesens. Die ausdrucksstarke Keramik lässt auf eine machtvolle Gesellschaft schließen, die ihre Gefangenen opferte. Die Moche bauten in ihren Zeremonialzentren Pyramiden aus Lehmziegeln, in denen Herrscher wie der «Herr von Sipán» oder die «Herrin von Cao» bestattet wurden. Sie verfügten über ausgefeilte Ackerbaumethoden mit Bewässerung und Terrassierungen. Im Süden der Moche schloss sich die Lima-Kultur an, die das Orakel von Pachacámac aufweisen konnte. Noch weiter südlich entfaltete sich die durch ihre Erdzeichnungen bekannte Nazca-Kultur, die allerdings politisch nicht geeint war. In technischer Hinsicht ist für die peruanischen Kulturen dieser Phase insbesondere die Verfeinerung der Webkunst erwähnenswert.

Im Hochland südöstlich des Titicacasees stieg Tiahuanaco zum Zentrum einer klassischen Kultur auf, die um 450 ihren Höhepunkt erreichte. Zu den typischen Monumentalbauten zählten Stümpfe von Pyramiden, abgesenkte Höfe und Palast- und Wohnviertel. Die kulturelle Ausstrahlung Tiahuanacos war wohl deutlich größer als die politische. So beeinflusste die Stadt auch die nördliche Nachbarregion mit dem Mittelpunkt Huari, wo sich ab 650 ein größerer Staat bildete, der Eroberungszüge in den Norden unternahm. Besatzungstruppen kontrollierten die unterworfenen Gebiete, und die Bevölkerung wurde teilweise umgesiedelt. Während das Reich von Huari nur zwei Jahrhunderte überdauerte, hielt sich Tiahuanaco bis 1000.

Die hochperuanischen Zentren strahlten bis in die Südanden nach Chile und Nordwestargentinien, wo mit El Molle und La Aguada eigenständige Kulturen entstanden, die allerdings nicht den Organisationsgrad der nördlichen Nachbarn erreichten. Das galt in noch stärkerem Maß für die Kulturen in Feuerland und Patagonien. Dort existierten hoch spezialisierte Jägerkulturen fort, die keinen Bodenbau betrieben, sondern sich von Jagd und Fischfang ernährten. Ähnlich war die Lage in Brasilien. Ab 500 breiteten sich tupiguarani-sprachige Gruppen aus, die andere indigene Gruppen von ihren angestammten Territorien verdrängten. Sie betrieben Wanderfeldbau und lebten vor allem von Maniok und Mais. Auch der Fischfang spielte eine große Rolle, weshalb sie sich entlang der Flusstäler ausbreiteten.

Seit der ersten Einwanderung waren die Menschen weit gekommen, hatten einen riesigen Kontinent fast flächendeckend besiedelt und sich dabei Überlebenstechniken und kulturelle Fertigkeiten angeeignet, welche an die verschiedenartigen Umweltbedingungen angepasst waren. Sie lebten unbeeinflusst von den Entwicklungen in den anderen Erdteilen und entwickelten selbstständige Kulturen. Die Thesen von Kulturbringern aus der Alten Welt sind nicht belegbar. Bei den Entwicklungen handelte es sich nicht um einen geradlinigen Prozess, sondern es differenzierten sich höchst unterschiedliche Lebensweisen heraus. Um 900 n. Chr. waren die kulturellen Unterschiede beispielsweise zwischen einem Wildbeuter aus Feuerland und einem Priester in Monte Albán groß, obwohl sie beide auf demselben Kontinent lebten.

II. Indigene Kulturen bis zum Kontakt mit den Europäern, ca. 900–1540

Lange galt der Zeitraum von 900 n. Chr. bis zum Kontakt mit den Europäern in der Forschung als Entstehungsphase von «Hochkulturen», die im Aztekenreich im Norden und im Inkareich im Süden gegipfelt hätten. Dieses Entwicklungsverständnis setzte einen historischen Verlauf voraus, der von «primitiven» Wildbeutern über Stammesgesellschaften mit Bodenbau und kleinere Fürstentümer zu «hoch entwickelten» Staatsgesellschaften führte. Heute sind dieses rein auf die Staatenbildung bezogene Geschichtsdenken und die damit verbundene Bewertung der wirtschaftlichen, sozialen und kulturellen Leistungen überholt. Die unterschiedlichen Kulturen werden als eigenständige Antworten auf spezifische Herausforderungen anerkannt.

Anknüpfend an die Entwicklungen der klassischen Phase, entwickelten sich ab ca. 900 vor allem in den Räumen, die schon zuvor die Entstehung von Stadtstaaten erlebt hatten, neue staatliche Herrschaftsbereiche mit einer fortgeschrittenen gesellschaftlichen Spezialisierung. Diese Staatsgebilde integrierten ethnisch unterschiedliche Bevölkerungsgruppen in ein soziales Schichtungssystem mit einem zumeist erblichen Adel, einer

Priesterklasse, Militärs, Beamten, Kaufleuten, Handwerkern, Bauern und Sklaven. Sie entwickelten zentralisierte Herrschaftsformen mit festen administrativen und rechtlichen Strukturen. Weltliche und geistliche Herrschaft fielen oft ineinander. Der Fürst war zugleich auch oberster Priester und/oder gottähnliches Wesen und damit höchster Repräsentant eines Staatskultes oder einer Staatsreligion. Hinzu kam eine vergleichsweise intensive Wirtschaft, durch die Berufsstände ernährt werden konnten, die nicht selbst Ackerbau betrieben. Arbeitsteilung, ungleicher Zugang zu den Ressourcen wie vor allem Landbesitz und komplexe Marktbeziehungen im Inneren und nach außen kennzeichneten diese Reiche. Die chronologischen und räumlichen Übergänge zwischen Staaten und Fürstentümern sind allerdings fließend. Über diesen Zeitraum haben wir durch die vorhandenen schriftlichen Quellen deutlich bessere Kenntnisse.

In Zentralmexiko dauerte es nach dem Ende Teotihuacáns rund 250 Jahre, ehe um 1000 mit Tollan – dem heutigen Tula – ganz in der Nähe ein neuer mächtiger Stadtstaat entstand, der sich etwa in der Verarbeitung von Obsidian an seinen Vorgänger anlehnte. Die Bewohner, die Tolteken, waren ethnisch heterogene Zuwanderer. Wie die monumentalen Ausmaße der Zeremonialbauten und Aufmarschplätze, die Steinskulpturen und -reliefs verdeutlichen, handelte es sich um eine kriegerische Gesellschaft, die über ein umfangreiches Handelsnetz verfügte.

Noch im 11. Jahrhundert endete die Blütezeit Tollans, die Stadt fiel ca. 1170 Verwüstungen zum Opfer. Um einen der letzten Herrscher rankte sich ein Mythos, der in unterschiedlichen Versionen die Jahrhunderte überdauerte: Ce Acatl, der angeblich den Gottesrang in einer monotheistischen Glaubenslehre einnahm und den Titel Quetzalcoatl («gefiederte Schlange») trug, soll den Menschenopfern abgeschworen haben und später nach einem Sündenfall, der den Ruin der Stadt bedeutete, und seiner Läuterung über das Meer gezogen sein. Die wirklichen Gründe für den Untergang Tollans lagen wohl ähnlich wie im Fall der klassischen Maya-Kulturen im Zusammenwirken von ökologischen Problemen und Kriegen.

Parallel zu Tollan in Zentralmexiko entwickelte sich Oaxaca

II. Indigene Kulturen bis zum Kontakt mit den Europäern

weiterhin unabhängig. Im Norden verbreiteten sich die Kleinstaaten der Mixteken, deren Bilderhandschriften über die Konflikte untereinander Auskunft geben. In der Nähe der heutigen Hauptstadt Oaxaca und unweit von Monte Albán wurde Mitla zum spirituellen Zentrum der Zapoteken und später auch der Mixteken, die in die Region einwanderten.

Auch in den Siedlungsgebieten der Maya kam es nach dem Verlassen der klassischen Stätten zu sozialen Verwerfungen. Das Zentrum der Maya-Kulturen verschob sich nach Norden ins Tiefland der Halbinsel Yucatán, wo die Stadt Chichen Itza eine führende Rolle einnahm, während das Hochland in rivalisierende Fürstentümer zersplitterte. Teile dieser Geschichte sind im Buch *Popol Vuh* der Quiché niedergeschrieben. Im gesamten Maya-Gebiet fanden um das Jahr 1000 Invasionen aus dem Norden statt, die in Chichen Itza einen Austausch der Eliten nach sich zogen. In der Forschung wird teilweise die These vertreten, es habe sich um Tolteken – möglicherweise unter Quetzalcoatl – gehandelt. Chichen Itza entwickelte sich zu einer hoch organisierten Zentrale, in der verschiedene kulturelle Stilrichtungen zusammenflossen und die über weiträumige Handelsnetze verfügte. Um 1200 verlor sie ihre Vorherrschaft an den rivalisierenden Stadtstaat Mayapán, der die Strukturen der Eroberten übernahm und die Region bis ca. 1500 dominierte. Bei Ankunft der Spanier war dieses Reich zerfallen, und 16 kleine Herrschaftsgebiete bekriegten sich untereinander.

Die Umwälzungen im Maya-Gebiet standen in engem Zusammenhang mit den Entwicklungen in Zentralmexiko, wo seit dem Untergang Tollans ein starkes Zentrum fehlte. Auch hier kam es ab ca. 1200 zu Wanderungsbewegungen von kriegerischen nomadischen Gruppen aus dem Norden wie etwa den Chichimeken, die sich unter anderem in Tlaxcala und Cholula festsetzten, oder den Tarasken, die um Pátzcuaro siedelten. In der Folgezeit verlagerte sich das Interesse der Neuankömmlinge, darunter nun auch Tepaneken und Otomí, zunehmend auf das Becken von Mexiko, wo sich bald eine ethnisch heterogene Vielfalt von Stadtstaaten fand.

Diese Staaten hatten ihren Mittelpunkt in Tempelbauten. Wie

bereits seit den frühen Kulturen in weiten Teilen Amerikas spielte das Menschenopfer oft eine zentrale Rolle, da nach den Glaubensvorstellungen alles Leben davon abhing. Die Gesellschaft war in eine kleine geburtsadlige Schicht aus der dominanten ethnischen Gruppe, an deren Spitze der Herrscher stand, und die ethnisch heterogene Masse der Abhängigen geschichtet. Ein Aufstieg durch Kriegstaten war möglich. Händler und Kunsthandwerker nahmen eine Sonderrolle ein.

Einen dieser Kleinstaaten bildete das Volk der Mexica oder Azteken, benannt nach ihrem mythischen Ursprungsort Aztlán. Sie hatten sich im 13. Jahrhundert am Hügel Chapultepec am Westufer des Texcoco-Sees angesiedelt und waren von dort auf eine Seeinsel umgezogen, wo sie wohl um 1325 die Stadt Tenochtitlán gründeten. Die Azteken verdankten ihren Aufstieg kriegerischen Erfolgen, die sie zunächst als tributpflichtige Hilfstruppen der die Region zu diesem Zeitpunkt dominierenden Tepaneken erzielten. Ab 1426 erhoben sich die Azteken im Bündnis mit einigen Nachbarstädten gegen ihre alten Herren. Nachdem sie 1431 endgültig ihre Unabhängigkeit erkämpft hatten, stiegen sie rasch zur führenden Macht in Zentralmexiko auf und begründeten mit den benachbarten Stadtstaaten Texcoco und Tlacopan den Dreibund, den sie beherrschten.

Gemeinsam mit ihren Verbündeten expandierten die Azteken in der Folgezeit und machten sich ein großes Gebiet tributpflichtig. Die Expansion des Aztekenreichs war neben dem wirtschaftlichen Interesse an Tributpflichtigen und Sklaven auf religiöse Vorstellungen zurückzuführen, denn der Stammesgott Huitzilopochtli verlangte Menschenopfer. Diese wurden in Kriegen oder kriegsähnlichen Turnieren, den sogenannten Blumenkriegen, gegen die Nachbarn etwa in Tlaxcala und Cholula gewonnen, die jedoch ihre Unabhängigkeit wahrten und den Azteken noch 1499 eine herbe Niederlage beibrachten. Als 1502 Montezuma II. die Herrschaft antrat, wurde er Oberhaupt eines noch jungen Reiches, das zwar bereits große Teile Mesoamerikas unterworfen hatte, aber in vielen Fällen von starken Nachbarn auch Grenzen aufgezeigt bekam.

War der Einfluss der Azteken in Mesoamerika um 1500 bestimmend, so gab es im nördlichen Südamerika keine vergleichbare Reichsbildung. Die hier vor allem anzutreffende Chibcha-Kultur war politisch in zahlreiche Kleinstaaten und Kazikentümer – unter anderem der Muiscas – zersplittert, die seit 900 expandierten, deren Konsolidierung jedoch noch nicht abgeschlossen war. Handwerklich und künstlerisch standen sie auf einer Stufe mit den Azteken, was sich insbesondere an der hoch entwickelten Goldverarbeitung ablesen lässt. Der Opferritus bei Amtsantritt der neuen Muisca-Herrscher sollte später die Grundlage für den Mythos vom Vergoldeten, *El Dorado*, bilden. Auch Ackerbau, Handel und Verwaltung einzelner Herrschaftsbereiche vor allem im Hochtal von Bogotá wiesen bereits komplexe Strukturen auf. Das zweite wichtige Kulturareal war die Küstengebirgsregion im Norden. Die dortige Tairona-Kultur zeichnete sich vor allem durch ihre Terrassenstädte aus.

Anders verlief die Entwicklung im zentralen Andenraum. Hier bildeten sich nach dem Ende Huaris und einer Phase der politischen Zersplitterung, in der sich einzelne Täler im Kampf um die fruchtbarsten Kokaanbauflächen gegenüberstanden, wichtige neue Reiche. Bedeutsam war ab 1200 das Chimú-Reich mit der Hauptstadt ChanChan an der Nordküste Perus. Chimú übernahm kulturelle und administrative Traditionen sowohl der Moche als auch Huaris. So errichtete man Garnisonen und Verwaltungszentren in den unterworfenen Gebieten und belegte diese mit Tributen, die in Naturalien und Arbeitsleistungen zu erbringen waren. Um ChanChan, die lange Zeit größte Stadt Südamerikas, zu versorgen, mussten kunstvolle Bewässerungskanäle angelegt werden. In religiöser Hinsicht stand die Verehrung des Mondes und des Meeres im Mittelpunkt. Die Unterwerfung durch die Inka setzte dem Chimú-Reich um 1465 praktisch ein Ende, wenngleich die Herrscher formell weiter amtierten.

Die inkaischen Eroberer hatten sich erst kurz zuvor zu einem expansiven Staatswesen entwickelt. Unter ihrem ersten Herrscher Manco Cápac siedelten sich die Clans (*ayllu*) der Inka wahrscheinlich zu Beginn des 13. Jahrhunderts in Cuzco an. Durch militärische Aktionen und eine geschickte Heiratspolitik setzten sich die Nachfolger Manco Cápacs gegen ihre Nachbarn durch, doch blieb das Einflussgebiet noch bis ins frühe 15. Jahrhundert klein. Erst der Krieg gegen die rebellierenden Chanca von 1438, die die Existenz der Inka bedrohten, wurde zum Wendepunkt, da er mit Pachacútec Inca Yupanqui einen starken Heerführer an die Macht brachte.

Unter Pachacútec und seinen Nachfolgern Túpac Yupanqui und Huayna Cápac reichte das *Tahuantinsuyo*, das «Reich der vier Teile», durch Eroberungen im Norden bis nach Ecuador, im Süden bis nach Chile und im Osten bis zum Amazonas und zum Chaco-Becken. Pachacútec straffte die Reichsverwaltung, was den direkten Zugriff auf die Vasallen ermöglichte. Der Vereinheitlichung diente auch die Einführung der Inka-Sprache Quechua als Amtssprache, die Benutzung von Knotenschnüren, *quipú*, zur statistischen Erfassung sowie die Durchsetzung des Staatskults der Sonne, als deren Abkömmling die Dynastie sich verstand. Augenfällig wurden die Veränderungen in den umfangreichen Bauprojekten. So entstand mit Cuzco eine repräsentative, in Form eines Pumas angelegte Hauptstadt mit Palästen, Tempel, Festung, Speichern und ausgeklügelter Wasserversorgung. Hier kamen die vier Fernstraßen des Tahuantinsuyo zusammen. Doch auch in anderen Reichsteilen entstanden große Bauten wie etwa Pachacútecs berühmter Landsitz Machu Picchu. Als Huayna Cápac wahrscheinlich 1527 einer Pockenepidemie zum Opfer fiel, die eine Vorbotin der spanischen Konquistadoren war, hatte das mächtige Reich seine größte Ausdehnung erreicht.

Die Expansionsdynamik des Inkareichs stieß ebenso wie die der Azteken im Norden dort an ihre Grenzen, wo sie auf eine nomadische Bevölkerung traf, die kampferprobt und schwer zu fassen war. Diese nomadischen Jäger und Sammler bildeten auch nach 900 in Amerika die am weitesten verbreiteten Kulturen. Sie lebten etwa in den wüstenartigen Grenzregionen des Nordens des heutigen Mexiko und im *Cono Sur,* ferner fand man sie im Binnenland unter anderem in Amazonien und im Chaco. Es handelte sich dabei um teils äußerst dünn besiedelte Regionen, die von diversen araukanischen und patagonischen

Gruppen im Süden, den Seminolen, Yaquís und vielen anderen im Norden sowie Arawaken, Kariben oder Gê im tropischen Tiefland bevölkert wurden.

Nicht die großen Reiche, sondern die Menschen auf den Karibikinseln und bald darauf entlang der Küstenzonen des östlichen und nördlichen Südamerikas sollten ab 1492 als Erste in Kontakt mit den Europäern kommen. Dort fand sich eine etwas höhere Bevölkerungsdichte. Stammesähnlich organisierte Ranggesellschaften mit Kaziken wie die der Tupis siedelten meist in Dörfern. Andere Stammesgesellschaften standen unter einem Oberen, der die Funktion des Kriegsherrn und oft auch des Schamanen einnahm. In weiten Gebieten war man bereits durch Brandrodung zum Bodenbau insbesondere von Maniok übergegangen. Auch die Keramik verbreitete sich entlang des Amazonas und an den Küsten.

Gegen Ende des 15. Jahrhunderts waren Kuba, Puerto Rico, Jamaika und Hispaniola zahlreich von Tainos besiedelt, die in Kazikentümern organisiert waren und der Sprachfamilie der Arawaken zugehörten. Es gab eine abgestufte Hierarchie von Kaziken, die weltliche und geistliche Herrschaftsfunktionen ausübten, danach das gemeine Volk und dann die Unfreien. Sie lebten in unterschiedlich großen Dörfern zusammen und betrieben intensiven Bodenbau. Die Verbreitung von Ballspielplätzen lässt auf einen Kulturtransfer vom Festland schließen. Die Tainos kamen als Erste in Kontakt mit den Spaniern. Daneben gab es die Kariben, vor allem auf den kleinen Antillen und im nördlichen Südamerika. Ihnen eilte der Ruf der Kriegslüsternheit und des Kannibalismus voraus, was sich aber zumindest teilweise auf die Vorurteile ihrer Gegner, der Tainos, zurückführen lässt.

Das indigene Amerika war zum Kontaktzeitpunkt mit den Europäern geprägt durch die große Vielfalt seiner Kulturen, die wahrscheinlich mehr als 125 Sprachfamilien umfassten. Diese entwickelten sich in unterschiedlichen Großräumen und Klimazonen. Zumeist bestanden bereits enge Beziehungen zwischen diesen Räumen. Die Konflikte innerhalb und zwischen den indigenen Kulturen sollten eine wichtige Vorbedingung für die Eroberung werden. Schon die Erfahrungen der Azteken, Inka und vieler ihrer Vorläufer hatten gezeigt, dass sich staatlich verfasste Gemeinwesen leichter erobern und beherrschen ließen als die weniger spezialisierten Gesellschaften. In den unterworfenen Staaten konnten die Invasoren die vorhandenen gesellschaftlichen Strukturen und Hierarchien, die auf religiösen Glaubensvorstellungen gründeten, zu ihren Zwecken nutzen. Bei den Stammesgesellschaften war die Übernahme gegebener Strukturen häufig nicht möglich. Dort musste die Bevölkerung entweder verdrängt oder umgesiedelt und eine neue Gesellschaft begründet werden, oder aber die Eroberer konnten ihr Ziel nicht erreichen, und die Regionen blieben außerhalb ihres Machtbereichs. Diese Muster sollten sich im 16. Jahrhundert allerdings unter gänzlich neuen Vorzeichen wiederholen.

III. Entdeckung, Eroberung und Aufbau der Kolonialreiche, 1492–1570

In Gruppen von Jägern und Sammlern, in Clan- und Stammesgesellschaften oder in Reichsverbänden hatten sich mehr oder weniger komplexe Gesellschaften herausgebildet, die über unterschiedliche Mechanismen sozialer Disziplin und Hierarchie verfügten und sich über die Jahrhunderte durch innere Transformationen und interkulturelle Kontakte weiterentwickelt hatten. Um 1492 lebten wahrscheinlich insgesamt mehr als 50 Millionen Menschen auf dem Kontinent, der schon bald Amerika genannt werden sollte. Mehr als 90% dieser Bevölkerung lebten in der Region, für die sich rund dreieinhalb Jahrhunderte später die Bezeichnung Lateinamerika einbürgerte. Doch diese Bezeichnungen erfanden nicht die indigenen Ureinwohner selbst, sondern Europäer.

Die Expansion der Europäer in die für sie neue Welt war kein Zufall. In Europa reichten die Vorstellungen von einem unbekannten Land im Westen weit zurück bis in die Mythen der Antike. Sie gewannen im Mittelalter durch die Atlantikfahrten von irischen Mönchen und Wikingern eine neue Relevanz. Allerdings verbreiteten sich die Kenntnisse zunächst kaum. Die Erweiterung des mittelalterlichen Weltbildes begann im Mittelmeerraum im späten 13. Jahrhundert und richtete sich zunächst gen Osten. Marco Polo überschätzte bei seiner Reise durch das Mongolenreich die Ostausdehnung Asiens und schuf damit die Voraussetzung für die Idee einer Entdeckungsfahrt in westlicher Richtung.

Ausschlaggebend für die Expansionsdynamik des Spätmittelalters sollten politische und wirtschaftliche Entwicklungen im Mittelmeer werden. Die Gewürze und Edelmetalle des Orients waren das Hauptziel aller Entdecker. Hinzu kam die christliche Mission. Hier und dort regte sich auch schon Interesse an fremden Völkern und Kulturen. Die Motive verschmolzen, als die Bedrohung durch die islamische Expansion wuchs und die alten Handelsrouten unterbrochen wurden. Ab dem 14. Jahrhundert und insbesondere nach dem Fall Konstantinopels (1453) wurde der Orienthandel immer schwieriger. Daher trieb insbesondere die portugiesische Krone mithilfe von Know-how und Kapital aus Genua, Florenz und Venedig den Ausbau der Flotte und die Erkundung des Südatlantiks voran.

Kastilien war demgegenüber ein Nachzügler. Die Grundlagen für eine eigenständige Expansion wurden hier erst in der zweiten Hälfte des 15. Jahrhunderts gelegt, als 1492 die *Reconquista*, die Rückeroberung von der arabisch-islamischen Herrschaft, abgeschlossen war. Eigene Expansionsbemühungen zur See hatten schon zuvor Besitzstreitigkeiten mit Portugal provoziert. Der Friedensvertrag von Alcáçovas (1479) legte diese bei, schloss Kastilien aber von der weiteren Expansion in Afrika aus. So blieb nur der riskantere westliche Seeweg offen. Nach langem Zögern schickte die Krone im April 1492 den Genuesen Christoph Kolumbus auf eine Entdeckungsreise nach «Indien», mit dem Auftrag, neu entdeckte Inseln und Länder auf dem Weg für die spanische Krone in Besitz zu nehmen.

Am 12. Oktober 1492 landete Kolumbus auf Guanahani, heute San Salvador, in den Bahamas. Er glaubte, Indien erreicht zu haben, und bezeichnete die Bewohner, auf die er traf, daher als Indier, *indios*. Von Beginn an betrachtete Kolumbus die fremdartigen Menschen unter dem Gesichtspunkt ihres Nutzens als leicht auszubeutende und zu missionierende Arbeitskräfte. Der Zusammenstoß zwischen Europäern und der indigenen Bevölkerung war geprägt durch beiderseitiges Unverständnis und schon bald auch durch gewaltsame Auseinandersetzungen. Dies sollte für die folgenden Begegnungen zwischen Spaniern und indigener Bevölkerung prägend bleiben.

Gleichzeitig setzte der Kulturkontakt vielfältige Austauschprozesse zwischen den Kontinenten in Gang. So kamen Kulturpflanzen wie Zuckerrohr, Reis und diverse Getreidesorten von der Alten Welt in die Neue. Den umgekehrten Weg nahmen etwa Mais, Kartoffeln, Tomaten, Ananas und Avocados sowie Heilpflanzen wie die Chinabaumrinde oder die Brechwurzel. Auch Tiere wie Pferde, Schafe und Rinder aus Europa und Truthähne oder Meerschweinchen aus Amerika überquerten den Atlantik. Der Transfer veränderte das Leben vieler Menschen entscheidend. Noch tiefgreifender wirkte sich die Einfuhr zahlreicher Krankheiten wie Masern, Diphtherie, Pocken oder Grippe durch die Europäer aus, gegen die die indigene Bevölkerung keinen Immunschutz hatte und die die größte demographische Katastrophe der Neuzeit auslösen sollte.

Nach Kolumbus' Rückkehr bemühten sich die Spanier sogleich um eine diplomatische Absicherung ihrer Entdeckungen im Westen. Papst Alexander VI. bestätigte der spanischen Krone 1493 die neuen Besitzungen und rechtfertigte dies mit dem Missionsauftrag, der andere europäische Mächte ausdrücklich ausschloss. Diese päpstliche Legitimierung war eine übliche, den Rechtsauffassungen im Umgang mit Heiden entsprechende Maßnahme. Eroberung und Mission gingen von nun an Hand in Hand. Geistliche sollten die spanischen Konquistadoren auf ihren Zügen begleiten. Ebenso wichtig wie die religiöse war die machtpolitische Absicherung der Expansion. Daher kam es 1494 zum Vertrag von Tordesillas, in dem sich Spanien und Portugal auf eine Trennungslinie der Herrschaftssphären einigten. Ohne es zu wissen, bekamen die Spanier damit einen riesigen Kontinent und die Portugiesen Ansprüche auf Ostbrasilien zugesprochen.

Die wirtschaftliche Ausbeutung der neuen Länder gestaltete sich schwieriger, als Kolumbus dies vermutet hatte. Der ursprünglich geplante Aufbau von Handelsposten, wie es die Portugiesen in Afrika praktizierten, erwies sich als unmöglich, da es an organisierten Handelspartnern fehlte. Die erste Siedlung von La Navidad scheiterte am Streit der Siedler und am Widerstand der Indigenen. Daher hob die Krone das Monopol des Kolumbus, der bis 1504 noch drei weitere Fahrten unternahm und dabei die Orinoco-Mündung und Zentralamerika entdeckte, bald auf. Ab 1499 fuhren zahlreiche «kleine Entdecker» von Spanien in das «westliche Indien». Vom Stützpunkt Santo Domingo auf der Insel Hispaniola und später von Kuba aus erkundeten sie die Ostküste Südamerikas sowie den Golf von Mexiko, Florida – auf der Suche nach dem mythischen Jungbrunnen – und Zentralamerika und führten blutige Beutezüge durch. Nachdem Vasco Núñez de Balboa 1513 nach der Überquerung des Golfs von Panama den Pazifik entdeckt hatte, suchte man fieberhaft nach einer Durchfahrt, die der in spanischen Diensten stehende Portugiese Fernão de Magalhães erst 1520 im Rahmen der ersten Weltumsegelung tief im Süden finden sollte.

Die Intensivierung der spanischen Aktivitäten war nicht zuletzt darauf zurückzuführen, dass Portugal 1499 mit der ersten erfolgreichen Indienfahrt durch Vasco da Gama einen enormen Erfolg zu verzeichnen hatte. Im Folgejahr kam eine zu weit nach Westen abgetriebene Flotte unter Cabral eher zufällig an die brasilianische Ostküste und nahm das Land für Portugal in Besitz. Aufgrund des dort vorkommenden Brasilholzes bürgerte sich bald der Name Brasilien ein. An einer der folgenden portugiesischen Fahrten nahm der Florentiner Amerigo Vespucci teil, der 1503 seinen berühmten Reisebericht verfasste, in dem er den Kontinentalcharakter der «Neuen Welt» erkannte. Nicht nach dem Entdecker Kolumbus, sondern nach dem Multiplikator Vespucci wurde der Kontinent 1507 «Amerika» benannt.

Allerdings gewann Brasilien lange Zeit nicht denselben Stellenwert für Portugal wie die ostindischen und afrikanischen Unternehmungen. Demgegenüber setzten die spanischen Konquistadoren, die zumeist dem niederen Adel der *hidalgos* entstammten, ihr Eroberungswerk fort und trafen 1519 auf das Aztekenreich. Von Kuba kommend, eroberte Hernán Cortés in nur zwei Jahren mithilfe indigener Verbündeter und dank eingeschleppter Krankheiten dieses Reich, dessen Hauptstadt Tenochtitlán mit ihren rund 225 000 Einwohnern an Größe und Pracht die meisten europäischen Hauptstädte übertraf. Sein Offizier Pedro de Alvarado unterwarf ab 1523 Zentralamerika. Andere suchten – getrieben von der Gier nach Gold und inspiriert von europäischen Mythen, die sich nun mit indigenen mischten – im Norden Mexikos, dem heutigen Südwesten der Vereinigten Staaten, nach den sagenhaften «Sieben Städten» von Cíbola.

Auch auf dem südamerikanischen Festland gingen die Eroberungen relativ zügig voran, mit Panama als wichtigem Ausgangspunkt. Kenntnisse von einem großen Reich im Süden verdichteten sich in den 1520er-Jahren. Die Konquistadoren Francisco Pizarro und Pedro de Almagro begannen 1531 nach zwei erfolglosen Versuchen ihren Eroberungszug. Bei ihrem Vormarsch profitierten sie von der Tatsache, dass im Inkareich nach dem Tod Huayna Capács um 1527 ein Erbfolgekrieg zwischen seinen Söhnen Huáscar und Atahualpa ausgebrochen war, der zu einer Spaltung des Reichs geführt hatte. Gerade als sich Atahualpa in diesem Machtkampf durchgesetzt hatte, gelang es Pizarro, ihn 1532 in Cajamarca gefangen zu nehmen. Im August 1533 ließ er Atahualpa hinrichten und einen von ihm abhängigen neuen Inka einsetzen. Durch Erpressung, Mord und das Ausnutzen der Rivalitäten innerhalb der indigenen Elite brach Pizarro den Widerstand des Inkareichs.

Die Krone ermächtigte Almagro, der in Peru zu kurz gekommen war, sich im Süden des Inkareichs eine eigene Herrschaft zu erobern. 1535 zog er über das heutige Bolivien in die trostlose Atacama-Wüste, wo er umkehrte. Wenig später kam es unter Manco Inca zu einem Aufstand gegen Pizarro, dem sich allerdings wegen der schlechten Erfahrungen mit der Unterdrückung durch die Inka nicht alle Indigenen anschlossen. Daher scheiterte die Rebellion, und Manco Inca zog sich nach Vilcabamba zurück, wo er und seine Nachfolger einen unabhängigen Enklavenstaat bildeten, der erst 1572 mit der Hinrichtung Túpac Amarus unterging. Bald schon mündeten die Kämpfe in einen Streit um die Beute zwischen Almagro und Pizarro, wobei beide in den folgenden Bürgerkriegen den Tod fanden.

Von Peru aus eroberte Pizarros Unterführer Sebastián de Benalcázar das heutige Ecuador (1533). Ende der 1530er-Jahre wurde der nordandine Raum erobert, unter anderem das Chibcha-Reich, wobei auch deutschsprachige Konquistadoren beteiligt waren. Bald suchte man hier nach den Schätzen von *El Dorado*. In diesem Zusammenhang stand auch die Durchquerung Südamerikas auf dem Amazonas durch Francisco de Orellana (1541/42). Parallel dazu verlief die Konquista im Río-de-la-Plata-Raum. 1535 führte Pedro de Mendoza eine große Expedition dorthin und gründete die Stadt Buenos Aires (1536). Von dort aus erschloss man das Hinterland und schuf 1537 die Provinz Paraguay. In der Folgezeit erreichten die Konquistadoren die Gebiete des heutigen Boliviens und Nordwestargentiniens und stellten 1549 die Verbindung zu Peru her. Das letzte größere Unternehmen fand ab 1540 unter Pedro de Valdivia im heutigen Chile statt. Hier stieß die spanische Eroberung 1552 ebenso an eine Grenze wie bereits das Inkareich, da sich der indigene Widerstand im Süden nicht überwinden ließ.

Um die Mitte des 16. Jahrhunderts waren die Eroberungen der Räume abgeschlossen, in denen sich die spanische Siedlungskolonisation in den folgenden Jahren vollzog: die Karibik, Mittelamerika sowie der Norden und die Westküste Südamerikas. Allgemein taten sich die Eroberer mit den zentralistischen Großreichen leichter als mit den dezentralen und teils nomadisierenden Völkern der Grenzregionen, die sich mit Guerillataktiken schon erfolgreich gegen die Expansion von Azteken und Inka zur Wehr gesetzt hatten. War einmal die Führungsschicht dieser Reiche ausgeschaltet, waren die Herrscher wie Montezuma oder Atahualpa in der Gewalt der Spanier, dann brach der Widerstand mehr oder weniger schnell zusammen.

Über die Gründe dieses erstaunlichen Erfolgs ist viel diskutiert worden. Heute geht man zumeist von einem Bündel von Faktoren aus. Eine Rolle spielten die überlegene Bewaffnung sowie die Pferde und Hunde der Spanier, doch relativierte sich dies nach dem ersten Überraschungseffekt. Auch die Wirkung der religiösen Vorstellungen, die Verwechslung der Europäer mit allmächtigen Göttern, verflüchtigte sich zumeist rasch. Bedeutsamer war hingegen die Unterstützung, die die Europäer durch indianische Verbündete erhielten, die mit spanischer Unterstützung offene Rechnungen mit ihren alten Feinden begleichen wollten. Ein weiterer zentraler Faktor waren die von den Europäern eingeschleppten Krankheiten, die die Bevölkerung dezimierten und den Widerstandswillen schwächten.

Bei der Etablierung ihres Herrschaftssystems stützten sich die Europäer auf die aus Europa bekannten Strukturen, die sie auf die «Neue Welt» übertrugen, wobei sie jedoch auch indigene Elemente integrieren mussten. Dabei stellte sich zunächst die Frage nach der Rechtmäßigkeit der Eroberung, über die man in Spanien schon früh debattierte, da es sich eben nicht um herrenlose Gebiete handelte. Die christliche Mission verlieh den Unternehmungen die notwendige Legitimität und machte sie zu «gerechten Kriegen». Dies allerdings nur, wenn den zu Missionierenden zunächst die Möglichkeit gegeben wurde, sich freiwillig dem christlichen Glauben und der neuen Herrschaft zu unterwerfen. Aus diesem Grund verfasste der königliche Jurist Juan López de Palacios Rubios 1513 den sogenannten *requerimiento*, ein offizielles Dokument, das Frieden anbot und gleichzeitig mit Krieg drohte, sollten die Bedingungen abgelehnt werden. Da die Indigenen – wie etwa Atahualpa in Cajamarca 1532 – den Inhalt nicht verstehen konnten, handelte es sich letztlich nur um ein Instrument, das der Beseitigung von Gewissensbissen bei Militärs und Geistlichen diente.

Auf dieser Grundlage ließen sich die kriegerischen Handlungen rechtfertigen. Im kastilischen – wie auch im portugiesischen – Rechtsverständnis fielen neu eroberte Gebiete grundsätzlich an die Krone. Die Neue Welt war dementsprechend Patrimonialeigentum der Könige und damit Teil der Reiche und Titel, die Kastilien zuvor schon ererbt oder erobert hatte. Die spanische Bezeichnung *reinos de las Indias* ergab sich daraus, dass diese Gebiete zumindest staatstheoretisch als den anderen Kronländern gleichberechtigte Teilreiche und nicht als Kolonien gelten konnten. Die Realität sah jedoch anders aus, denn das Ergebnis war eine Kolonialherrschaft, bei der die Ausbeutung von Menschen und Natur im Mittelpunkt stand.

Bereits mit dem Übergang zur Siedlungskolonisation (1495) begann die spanische Krone, ihre Herrschaft auf Kosten des Admirals Kolumbus auszubauen. Dies führte zu Streitigkeiten, die sich auch im Fall der späteren Konquistadoren fortsetzten, denn in den Verträgen, die sie mit der Krone abschlossen, waren sie hohe Risiken eingegangen, für die sie Belohnungen in Form von Reichtum und Herrschaft für sich und ihre Erben erwarteten. Klagen über ihre Willkür gaben der Krone schon im Fall von Kolumbus Anlass, Untersuchungskommissionen zu entsenden. Der Konflikt mit den Kronbeamten, die den Machtanspruch der Eroberer und ihrer Nachkommen beschneiden und das Leben in geordnete Bahnen lenken sollten, war damit vorprogrammiert. Die Konflikte gipfelten in diesem frühen Zeitraum wie im Fall von Pizarros Bruder Gonzalo (1543) oder Cortés' Sohn Martín (1566) sogar in Aufständen, die die Statthalter der Krone aber erfolgreich unterdrückten.

Die Krone schuf nach spanischem Vorbild Zentralbehörden, die den Einfluss lokaler Interessenvertreter zurückdrängen und die Eintreibung von Steuern und Abgaben garantieren sollten, vor allem des Tributs der Indigenen, der in Anknüpfung an die Praxis der vorspanischen Zeit bestehen blieb. 1503 entstand die *casa de la contratación* als oberste Handelsbehörde und 1524 der Indienrat als höchste Instanz für Verwaltung und Justiz der *Indias*. Auch in Amerika setzte man administrativ auf eine zentralistische Struktur. Die Entscheidungen fielen im Namen der Krone, die informiert werden musste und Beschlüsse wieder rückgängig machen konnte. In der Praxis ließ sich dies aber nicht immer durchsetzen.

An der Spitze der Hierarchie standen seit 1535 in Mexiko und seit 1543 in Lima die Vizekönige, die vor allem repräsentative Zwecke erfüllten. Sie hatten gleichzeitig wichtige Ämter für den Bereich ihrer jeweiligen Hauptstadt und deren Umland inne. Zu zentralen Instanzen wurden ab 1511 zunächst in Santo Domingo die Appellationsgerichtshöfe, die *audiencias*, kollegiale Verwaltungsbehörden mit administrativer und politischer Kontrollfunktion, die wichtige Bezugspunkte für die Raumentwicklung in Amerika bildeten. Mittels der *audiencias* konnte die Krone ihren Anspruch auf Zentralisierung und Kontrolle der Interessen vor Ort zumindest teilweise durchsetzen. Auf der mittleren Verwaltungsebene fungierten Gouverneure oder Generalkapitäne, die neben Verwaltungsaufgaben auch die Verteidigung zu garantieren hatten. Das wichtigste Amt auf lokaler Ebene war das des *corregidor*.

Ein weiterer wichtiger Stützpfeiler des spanischen Herrschaftssystems war die Kirche, über die die Krone durch das Patronatsrecht seit 1508 bestimmen konnte. Ab 1511 wurden die ersten amerikanischen Bistümer besetzt. In Hispanoamerika wurden ferner bereits in der Frühphase zahlreiche wichtige Städte gegründet – 1580 bereits rund 280 –, die nicht nur Ausdruck der hier typischen Siedlungskolonisation, sondern auch ein wichtiges Herrschaftsinstrument der Krone waren. Über das reine Stadtgebiet hinaus übten sie Herrschaft auch über das ländliche Einzugsgebiet aus.

Die Portugiesen schenkten ihren amerikanischen Besitzungen demgegenüber zunächst nur wenig Beachtung. Erst Auseinandersetzungen mit den Franzosen veranlassten die Krone ab 1532 zu planmäßigen Kolonisationsversuchen. Dazu wurde das Land von der Amazonas-Mündung entlang der Küste südwärts in 15 Gebietsstreifen (*capitanias*) eingeteilt und als Lehen an meist adlige Privatpersonen vergeben (*donatários*). Die Besitzer erhielten für die Verpflichtung zur Besiedlung weitgehende Privilegien. Es galten grundsätzlich dieselben Gesetze wie in Portugal. Da die *donatários* aber die Erwartungen der Krone nicht erfüllten, übernahm diese ab 1549 selbst die Verwaltung und errichtete in der Hauptstadt São Salvador de Bahia eine Zentralverwaltung unter einem Generalgouverneur zumeist aus dem Hochadel – ähnlich den spanischen Vizekönigen. Daneben agierten die Gouverneure, die über militärische Erfahrungen

III. Entdeckung, Eroberung und Aufbau der Kolonialreiche 31

verfügen mussten und direkt mit der Krone kommunizieren konnten.

Wer aber waren die Beherrschten? Am unteren Ende der Bevölkerungspyramide stand die große Masse der Indigenen und bald auch der afroamerikanischen Sklaven. Die Indigenen waren nominell zu schützende freie Untertanen des Königs. In der Praxis rechtfertigte das negative Bild vom inferioren Indio aber die vielfältige Ausbeutung durch spezielle Tribute und Arbeitszwangssysteme, die, wie etwa die *mita*, die Verpflichtung zur Arbeit im Silberbergbau, teils noch aus der Inkazeit stammten. Grundsätzlich galten die Indigenen, nachdem sie 1537 durch ein päpstliches Machtwort endgültig zu Menschen erklärt worden waren, weiterhin als Unmündige, die auf einem niedrigeren Kulturniveau standen und von den Herren erst an die Zivilisation herangeführt werden mussten. Gemäß den päpstlichen Bullen hatte die spanische Krone den Auftrag, die Unterworfenen zu christianisieren.

Zunächst verfolgte man dieses Ziel durch das System des *repartimiento* (Zuteilung) oder der *encomienda* (Anvertrauung), durch das den Eroberern eine bestimmte Zahl von arbeitspflichtigen Indios zugeteilt bzw. anvertraut wurde. Im Gegenzug waren die *encomenderos* für die Erziehung und Christianisierung der ihnen anvertrauten und zu schützenden Indigenen zuständig. In der Praxis wollten Konquistadoren und Kolonisten aber schnell reich werden. Sie behandelten die indigene Bevölkerung wie Sklaven und nahmen ihre Dezimierung in Kauf. Ferner wurde die *encomienda* auch als Element zur militärischen Herrschaftssicherung benutzt. Die Eroberung war von eigens damit beauftragten militärischen Unternehmern durchgeführt worden, die meist auf kurzfristigen Gewinn aus waren und dann wieder heimkehren wollten. Um die Eroberungen zu sichern, waren dauerhafte Siedlung und Verteidigung notwendig. Daher wurden die Inhaber der *encomienda* auch zu Verteidigungsleistungen verpflichtet. Der ursprüngliche Zweck des Schutzes und der Christianisierung der Indigenen wurde dadurch nicht erreicht.

Gegen den Missbrauch der Indigenen regte sich Kritik, die insbesondere von Geistlichen der Bettelorden getragen wurde.

Der wichtigste Kritiker der *encomienda* war der berühmte Protektor der Indigenen und spätere Bischof Bartolomé de Las Casas. Auf diesen Druck hin entschloss sich die Krone zu speziellen Schutzgesetzen, den neuen Gesetzen (*leyes nuevas*) von 1542, und zur Trennung der Sphären von Weißen und Indigenen. Demnach standen die Indigenen unter der Kontrolle von königlichen Beamten – *corregidores* und *protectores de indios* – und blieben weiterhin tribut- und arbeitspflichtig sowie rechtsunmündig. Durch die Isolierung konnte die vollständige Vernichtung der Indigenen gestoppt werden. Ihre Sprachen und Traditionen wie etwa die kollektive Wirtschaftsweise auf gemeinschaftlichem Landbesitz der Dörfer, der *pueblos de indios*, und die soziale Organisation im Clan – dem *calpulli* in Mexiko und *ayllu* im Andenraum – überlebten. Allerdings blieb die indigene Bevölkerung faktisch ausgegrenzt.

Immerhin hatte die spanische Krone bereits 1500 die Versklavung der Indigenen verboten und betrachtete sie als freie Untertanen. Anders war die Sachlage im portugiesischen Herrschaftsgebiet, wo es keine konsequente königliche Schutzpolitik gab. Nachdem die Kolonisten hier zunächst Bündnisse mit den Tupis eingegangen waren, um die französischen Konkurrenten aus dem Feld zu schlagen, änderte sich die Situation mit dem Übergang zur Siedlungskolonisation um die Jahrhundertmitte. Die Indigenen wurden daraufhin mit ähnlichen Argumenten wie beim spanischen *requerimiento* versklavt und auch nach Europa verschleppt. Insbesondere aber setzte man sie in der entstehenden Plantagenwirtschaft ein. Bald schon waren regelrechte Sklavenjagden im Landesinneren nötig, da sich das Arbeitskräftepotenzial an der Küste drastisch reduzierte.

Die Ausbeutung führte, verstärkt durch Krankheiten und allgemeine Aussichtslosigkeit, nicht nur in Brasilien zu einem dramatischen Bevölkerungsrückgang unter der indigenen Bevölkerung. Die wahrscheinlich mehr als eine Million Menschen zählenden Bevölkerungsgruppen der Tupis in den brasilianischen Küstenregionen gingen ebenso mehr oder weniger vollständig unter wie die Tainos der Karibik. In Mexiko und Zentralamerika reduzierte sich die Bevölkerung zwischen 1519 und 1568 um mehr als 90%, von rund 20–25 auf 2,6 Millionen, in den meisten anderen Regionen um zwischen 80 und 98%. Demgegenüber erhielt die Bevölkerung Zuwachs aus zwei Quellen: zum einen die afrikanischen Sklaven, die – auch auf den Vorschlag von Las Casas hin – als Ersatz für die indigenen Arbeitskräfte seit dem frühen 16. Jahrhundert nach Amerika verschleppt wurden. Daneben wuchs die Zahl europäischer Einwanderer stetig. Die unterschiedlichen Ethnien mischten sich, sodass eine völlig neuartige Bevölkerungsgruppe von sogenannten Mischlingen entstand, die schnell immer wichtiger wurde.

Die neuen Führungsschichten in Amerika setzten sich zusammen aus der verhältnismäßig kleinen Anzahl der Eroberer und ihrer Nachfahren, aus den Eliten der weißen Siedler, die später hinzukamen, sowie aus wenigen Abkömmlingen des alten indianischen Hochadels. Indem diese aber ihre Eigenständigkeit und ihre Ansprüche gegenüber der Krone behaupteten, schufen sie in vielerlei Hinsicht eine Grundlage für die Herausbildung amerikanischer Identitäten. Insgesamt entstand im Wesentlichen eine Zweiklassengesellschaft mit einer dünnen europäischen und europäisierten Oberschicht und einer großen Masse ausgebeuteter und entrechteter Marginalisierter aus Indigenen, Schwarzen und den vielfältigen von den Weißen verächtlich *castas* genannten Mischformen.

Den Kolonialmächten ging es nicht in erster Linie um die Vermehrung ihrer Untertanen. Amerika wurde aufgrund wirtschaftlicher Interessen am Handel mit Ostasien entdeckt. Sowohl für die spanische als auch für die portugiesische Krone blieben die eroberten Gebiete Quellen des Reichtums, insbesondere von Edelmetallen, die es zu nutzen galt, um den eigenen Staatshaushalt und die Politik in Europa zu finanzieren. Das Patentrezept der Zeit hieß Abschottung nach außen, und sowohl Spanien als auch Portugal – wenngleich weitaus weniger konsequent als der Nachbar – setzten dies um, indem sie ein geschlossenes Wirtschafts- und Handelssystem aufbauten. Dieses System schloss theoretisch alle anderen Mächte vom Handel aus. Nur die Mutterländer durften mit den Kolonien auf festgelegten Routen und mit privilegierten Häfen Handel treiben.

Für Spanien genossen Sevilla, deren seit 1543 in einem *consulado* zusammengeschlossene Kaufmannschaft den Handel kontrollierte, und später Cádiz diesen Status. Die amerikanischen Endstationen der zu genau festgelegten Zeiten fahrenden Handelsflotten waren Cartagena de Indias und Portobello auf dem Isthmus von Panama sowie Veracruz in Mexiko. Von dort aus erfolgte der Weitertransport in die Hauptstädte der beiden Vizekönigreiche sowie im Fall Lima bzw. Callao weiter nach Süden. Außerdem war der Handelsweg von Veracruz über Mexiko nach Acapulco und von dort ab 1573 einmal jährlich mit der Manila-Galeone nach den Philippinen wichtig. Im portugiesischen Gebiet gab es eine Schiffsroute von Lissabon nach Pernambuco, von wo aus die Küstenplätze südwärts versorgt wurden. Allerdings blieb der Verkehr einzelner Schiffe ebenso erlaubt wie die direkte Verbindung von Brasilien zu den afrikanischen Stützpunkten Portugals.

Getreu den merkantilistischen Vorstellungen sollten die Mutterländer Fertigprodukte liefern, während aus der Neuen Welt im Gegenzug Rohstoffe und Edelmetalle bezogen wurden. Die Krone beanspruchte zunächst den fünften, später den zehnten Teil der gewonnenen Edelmetalle. Bis 1560 war Gold in der Tat das Hauptexportprodukt Spanisch-Amerikas, egal, ob es sich um die Schätze der eroberten Hochkulturen oder um Flussgold der Antillen handelte, doch bereits in den 1540er-Jahren begann auch der Silberbergbau in Potosí in Hochperu sowie im mexikanischen Zacatecas. Typisch waren ferner die Anfänge einer Plantagenwirtschaft an den Küsten Südamerikas, auf den Karibikinseln und vor allem in Brasilien. Die Plantagen erzeugten tropische Agrarerzeugnisse wie Tabak, Kakao, Zucker und Baumwolle. Grundlage war in jedem Fall die Arbeit afrikanischer Sklaven. Als Sklavenimporteure agierten zunächst die Portugiesen, die nicht nur ihre eigenen Besitzungen, sondern auch die spanischen mit afrikanischen Sklaven versorgten.

Dass das Wirtschaftssystem nicht so funktionierte, wie es in der Theorie vorgesehen war, lag nicht zuletzt an den europäischen Rivalen der iberischen Mächte, die sich in den Amerikas frühzeitig breitmachten. Die auf den päpstlichen Bullen und dem Vertrag von Tordesillas basierenden Monopolansprüche der iberischen Kronen bestanden schon bald nach der Entdeckung nur noch theoretisch. Da sich die Engländer unter Heinrich VIII. zunächst noch zurückhielten, waren die Franzosen die Ersten, die sich den iberischen Monopolansprüchen in Amerika widersetzten. Schon zu Beginn des 16. Jahrhunderts ließen sich französische Fischer vom Fischreichtum vor Neufundland anlocken. Als sich das französische Interesse wenig später auf Brasilien richtete, stieß man auf Widerstand. Französische Seefahrer wollten hier einen Stützpunkt errichten, um an das gefragte Brasilholz zu kommen. Die Vorstöße veranlassten den portugiesischen König João III., 1530 die Kolonisierung Brasiliens und die Vertreibung der Franzosen anzuordnen.

Doch erst als die Krone ab 1549 mit der Einführung des Generalgouvernements direkt in Brasilien eingriff, änderte sich die Lage. Das war auch nötig, denn die Franzosen expandierten unter ihrem Admiral Gaspard de Coligny planmäßig, um in Brasilien eine *France antarctique* für die verfolgten Hugenotten zu schaffen. 1555 gründeten sie die Siedlung Rio de Janeiro, die aber wenige Jahre später wegen Streitigkeiten unter den Kolonisten wieder aufgegeben wurde. Ab 1560 schlugen die Portugiesen energisch zurück und zerstörten bis 1567 alle französischen Siedlungen und Pflanzungen. Ebenso erging es Colignys Hugenottensiedlungen in Florida, die 1565 von den Spaniern vernichtet wurden. Portugiesen und Spanier hatten dabei leichtes Spiel, denn aufgrund der französischen Religionskriege waren die Forts auf sich allein gestellt.

Aus Sicht der iberischen Mächte waren die Aktivitäten der französischen und englischen Piraten problematischer. Sie ließen sich kaum fassen, denn sie überfielen mit Überraschungsangriffen Schiffe und Hafenstädte, um an den Reichtum der Neuen Welt zu kommen. Anfangs kamen sie vor allem aus den nordfranzösischen Hafenstädten am Ärmelkanal, wo es eine lange Tradition des Strand- und Seeraubs gab. Schon ab 1513 mussten die Spanier daher Kriegsschiffe zu Bewachungszwecken einsetzen. Dennoch gelang es etwa Jean Fleury 1522, einige der mit den Schätzen des soeben eroberten Aztekenreichs beladenen

III. Entdeckung, Eroberung und Aufbau der Kolonialreiche 37

Schiffe zu kapern. Mit der Einführung des spanischen Konvoisystems ab 1543 wurden diese Angriffe risikoreicher, und ihre Zahl ging zurück. Die Piraten konzentrierten sich daher auf die Plünderung hispanoamerikanischer Hafenstädte und zerstörten, da es sich häufig um Hugenotten handelte, auch Kirchen und Klöster. Die Spanier schlugen brutal zurück. So wurden die gegensätzlichen Glaubensauffassungen immer wieder als Rechtfertigung für Gewalttaten und Racheakte bemüht, eine Dynamik, die sich auch in den Beziehungen der anderen nordwesteuropäischen Mächte zu den iberischen Reichen wiederholen sollte.

In einer Atempause im Ringen um die Vorherrschaft in Europa (1559) einigten sich Franzosen und Spanier auf die Schaffung sogenannter Freundschaftslinien. Diese fiktiv über den Atlantik gedachten Linien sollten Europa von Amerika trennen. Was hinter der Linie, in Amerika, passierte, sollte auf die in Europa geltenden Verträge keine Auswirkungen haben. Demnach stellte die Neue Welt eine eigene Sphäre dar, in der weitergekämpft, geplündert und gekapert wurde, auch wenn in Europa Frieden herrschte. Amerika wurde somit zu einer Zone, die praktisch außerhalb des europäischen Völkerrechts stand, in der das Recht des Stärkeren galt. Die Folgen sollten sich in den kommenden Jahrhunderten immer wieder zeigen.

Die Entdeckungen und Eroberungen der iberischen Mächte hatten bis ca. 1570 zur Gründung von Kolonialreichen bis dahin ungekannter Dimensionen geführt. Doch waren die wahrscheinlich weniger als 100 000 Europäer, die im 16. Jahrhundert zu 75 % ins spanische und zu 25 % ins portugiesische Amerika kamen, nicht die einzigen Akteure in diesem Prozess. Die indigene Bevölkerung hatte aktiv daran Anteil, indem sie etwa Bündnisse mit den Eroberern einging, um alte Widersacher zu schwächen. Trotz der demographischen Katastrophe und trotz der Zerstörung und Gewalt, durch die sich die Eroberung auszeichnete, erforderte das Zusammenleben von Indigenen, Europäern und zunehmend auch Afrikanern Anpassungsleistungen und Lernen vom anderen. Dadurch entstand eine neue Lebenswelt, zu der alle Beteiligten – wenn auch in höchst asymmetrischen Machtkonstellationen – beitrugen.

IV. Konsolidierung und Reform im 17. und 18. Jahrhundert

Um 1570 setzte auf unterschiedlichen Ebenen eine Konsolidierung der Kolonialreiche ein, weshalb man in der Geschichtsschreibung dieses Jahr als Beginn eines «langen» 17. Jahrhunderts ansetzt. Sie lässt sich ablesen an der Festigung der Kolonialherrschaft beispielsweise durch die Hinrichtung des letzten Inka Túpac Amaru (1572) oder an der Neuregelung weiterer Entdeckungen durch die königlichen Anordnungen (*ordenanzas*) von 1573. Auch auf der wirtschaftlichen und kirchlichen Ebene ließ sich um 1570 eine Konsolidierung erkennen. Im portugiesischen Machtbereich ergaben sich durch den Beginn der Personalunion mit Spanien (1580–1640) ebenfalls wichtige Veränderungen.

Ein grundlegender Faktor für das Schicksal der Kolonien war die Bevölkerungsentwicklung. Zwar dauerte die demographische Katastrophe der indigenen Bevölkerung zunächst weiter an, ja intensivierte sich bis ca. 1650 in manchen Regionen noch. Danach schwächte sich dieser Prozess jedoch ab, und die indigene Bevölkerung wuchs sogar wieder. Der Grund dafür war in erster Linie die Ausbildung von Resistenzen gegen die europäischen Krankheiten. In Brasilien war die Lage anders. Hier geht man von einer Fortsetzung der Bevölkerungskatastrophe aus. Andererseits gab es etwa in Amazonien noch riesige Rückzugsgebiete, über deren demographische Entwicklung man nur spekulieren kann.

Der Bevölkerungszuwachs speiste sich aus unterschiedlichen Quellen. Die Zuwanderung aus Europa blieb motiviert durch die Hoffnung auf schnellen Reichtum in Amerika. Allerdings unterlag sie vor allem in den spanischen Kolonien Reglementierungen. Ausländern und allen, die den Nachweis der «Reinheit des Bluts» (*limpieza de sangre*) nicht erbringen konnten, weil

IV. Konsolidierung und Reform im 17. und 18. Jahrhundert

sie von Mauren oder Juden abstammten, war die Einreise verboten. Im portugiesischen Brasilien wurden diese Gruppen dagegen toleriert. Quantitativ schlug die Einwanderung in Hispanoamerika und in Brasilien eher wenig zu Buche. Qualitativ kam ihr aufgrund der herausgehobenen sozialen Rolle der Einwanderer hohe Bedeutung zu. Die Zuwächse der europastämmigen Bevölkerung ergaben sich im Lauf der Zeit zunehmend aus der natürlichen Reproduktion. Man spricht in diesem Zusammenhang von einer Kreolisierung, das heißt, der Anteil der in Amerika geborenen Nachfahren von Europäern, oder Kreolen stieg im Verhältnis zu den Neueinwanderern ständig an.

Die afrikanischen Zwangseinwanderer waren in einigen Regionen das wichtigste Bevölkerungselement. Dabei war die Zufuhr von außen entscheidend, weil die natürliche Reproduktion gering blieb. Im 17. Jahrhundert wurden bereits rund 1,3 Millionen und im 18. Jahrhundert sogar mehr als 6 Millionen Menschen aus Afrika nach Amerika verschleppt. Ab dem 17. Jahrhundert verlagerte sich das Schwergewicht auf Brasilien und die Karibik. Trotz der hohen Risiken und Kosten florierte der Handel mit afrikanischen Sklaven aufgrund des Ausfalls der indigenen Arbeitskräfte. Neben den Portugiesen, die von der spanischen Krone offiziell das Sklavenhandelsmonopol (*asiento*) erwarben, nahmen schon bald nordwesteuropäische Schmuggler und auch Lateinamerikaner direkt daran teil.

In Amerika mischten sich die afrikanischen Zwangsmigranten mit den europäischen und indigenen Bevölkerungselementen und diese sich untereinander, ein Prozess, der im Spanischen als *mestizaje* bezeichnet wurde, nach den «Mestizen», den Kindern aus Verbindungen spanischer Männer mit indigenen Frauen. Dies führte zu einem starken Anstieg der sogenannten Mischlinge, der Hauptfaktor für das Bevölkerungswachstum ab Mitte des 17. Jahrhunderts. Um 1800 zählte von den ca. 17 Millionen Einwohnern Lateinamerikas schon rund ein Drittel dazu. Mit der Zeit entwickelte sich eine große Bandbreite an Mischformen, für die sich regional unterschiedliche Bezeichnungen und im Spanischen der Sammelbegriff *castas* einbürgerten. Es entstand also eine in ethnischer Hinsicht heterogene Bevölkerung, die für Amerika prägend sein sollte.

Die Bestimmungen der «Reinheit des Bluts» wurden in den Kolonien zunehmend zur Grundlage für die Entstehung einer sozialen Hierarchie, die sich nach ethnischen Kriterien definierte. Ganz oben standen die «Weißen» oder «Spanier», wobei es sich grundsätzlich sowohl um Menschen aus dem Mutterland und Kreolen als auch um ehelich gezeugte Mestizen handeln konnte. Ziel der Krone war es, diese Oberschicht zu kontrollieren. Allerdings ging sie aufgrund der akuten Geldnot immer wieder Kompromisse ein, was sich etwa am ursprünglich nicht vorgesehenen Verkauf von Adelstiteln und an der Duldung des Großgrundbesitzes ablesen lässt. Leichter als in Europa war sozialer Aufstieg in Amerika durch wirtschaftlichen Erfolg möglich. Im Inneren differenzierte sich die Oberschicht jedoch im Lauf der Zeit. So wurde die Unterscheidung in Kreolen und Europaspanier zunehmend wichtiger. Die sozialen Unterschiede zwischen Arm und Reich vertieften sich ebenfalls.

Nach außen grenzten sich die Europastämmigen von den anderen Ethnien rigide ab. Für die indigene Bevölkerung vertiefte sich die Diskrepanz zwischen königlicher Schutzpolitik, die ansatzweise auch in Brasilien erkennbar war, und der gesellschaftlichen Wirklichkeit. Theoretisch standen die Indigenen in der kolonialen Gesellschaft Amerikas über Afrikastämmigen und Mischlingen. In der Praxis aber war ihre Lage oft noch schlechter. Doch waren sie keine willenlosen Subjekte kolonialer Willkür. In manchen Regionen gelang es ihnen, sich der Kontrolle teilweise zu entziehen und neue soziale Strukturen aufzubauen. Das galt auch für die Sklaven, deren Lage sich je nach Einsatzort in der Stadt oder auf den Plantagen erheblich unterschied. Freilassungen sowie Freikäufe und unabhängige Fluchtgemeinschaften im Hinterland waren ebenfalls Teil der sozialen Wirklichkeit der afrikastämmigen Amerikaner. Noch vielfältiger war die soziale Lage der Mischlingsbevölkerung, die sich als bezahlte Arbeiter verdingen und frei bewegen konnte. Dabei blieben aber auch sie Teil eines Systems, das den Wert eines Menschen nach der Helligkeit der Hautfarbe bemaß.

IV. Konsolidierung und Reform im 17. und 18. Jahrhundert

Insgesamt entstand eine neuartige Gesellschaft in Amerika, die sich trotz aller Reglementierungsversuche kaum mehr von Europa aus kontrollieren ließ. Hier waren eindeutig autonome Entwicklungen erkennbar, die mit dem flächendeckenden *mestizaje* und der Sklaveneinfuhr im 17. Jahrhundert erst richtig begannen. Gleichzeitig blieb aber gerade in Bezug auf die soziale Mobilität weiterhin eine Ausrichtung auf Europa erhalten.

Diese so unterschiedliche Bevölkerung effektiv zu regieren war das Anliegen der Krone, die seit den 1570er-Jahren Anstrengungen unternahm, die Herrschaft langfristig zu konsolidieren. Dabei baute man auf den bereits früher geschaffenen Strukturen auf. Obwohl die Eroberungsprozesse in vielen Regionen des Binnenlands noch weitergingen, war der Aufbau des Verwaltungssystems in Hispanoamerika gegen Ende des 16. Jahrhunderts abgeschlossen. Vizekönigreiche, Bistümer und *audiencias* waren eingerichtet, und bis zum 18. Jahrhundert gab es keine wesentlichen Veränderungen. Im Vergleich dazu setzte sich die Eroberung und Besiedlung weiter Landesteile in Brasilien fort. Mit Pernambuco und Rio de Janeiro entwickelten sich zwei Pole auf Kosten der Zentrale in Bahia, deren Generalgouverneur sich aber ab 1729 Vizekönig nennen durfte.

Durch eine wachsende gesetzgeberische Aktivität strebte Spanien klare hierarchische Strukturen mit genau festgelegten Zuständigkeiten an. Den Anfang machten die *ordenanzas* von 1573, die die Inbesitznahme von Land in Amerika und die «Befriedung» (*pacificación*) der Indigenen bis ins Einzelne regelten. Höhepunkt war die Zusammenfassung der die *Indias* betreffenden Gesetze in der *Recopilación General de las Leyes de Indias*, die 1680 erstmals für ganz Amerika gültige Rechtsnormen festschrieb. In diesen Maßnahmen war das Bestreben der Krone erkennbar, den Zugriff auf die Kolonien zu verbessern, Konquistadoren und *encomenderos* zu entmachten und selbst Vizekönige der Kontrolle von Fachbeamten zu unterwerfen.

Das wichtigste Ziel der königlichen Kolonialpolitik blieb die Steigerung der Einkünfte, wozu neue Steuern eingeführt und deren Eintreibung verbessert wurden. Grundlegend für die Zentralisierungsversuche blieb das Misstrauen der Krone gegenüber den Verwaltungsorganen in Übersee. Letztlich behielt sich die Krone das Recht vor, alle Personalfragen persönlich zu entscheiden. Langatmige Gesetze zur Geschäftsordnung, Generalvisitationen aus dem Mutterland wie die des Vizekönigs Francisco de Toledo in Peru (1570–1575) und Rechenschaftsprüfungen für Beamte nach Ablauf der Amtszeit führten zur Ausweitung der Bürokratie. Dies entsprach einer allgemeinen Tendenz zur Verrechtlichung des Lebens. Der Staat wollte nun fast alles regeln: von Arbeitszeiten über Markt- und Kleiderordnungen bis zur Choreographie öffentlicher Feste.

Doch trotz aller Bemühungen ließ sich in Amerika längst nicht alles vom fernen Mutterland aus kontrollieren. Das zeigte sich etwa auf dem kritischen Feld der Verteidigung, auf dem zwar der Einfluss der *encomenderos* endete, aber die Abhängigkeit von lokalen Kräften, die in Milizen organisiert waren, erhalten blieb. Wie im Militär fehlten auch in anderen Bereichen die finanziellen Mittel zur effektiven Kontrolle des Riesenreichs. Außerdem blieb die Verwaltung ineffizient. Das lag zum einen daran, dass durch Ämterakkumulation und Kommissionierung von Privatpersonen Kompetenzstreitigkeiten auftraten. Die fehlende personelle Anpassung führte zur Überlastung und zu extrem langsamen Verwaltungsabläufen. Verbunden mit den Steuererhöhungen und den merkantilistischen Wirtschaftsbestimmungen, die etwa den Weinanbau und die Seidenraupenzucht in Amerika verboten und den Handel innerhalb der Kolonien einschränkten, führte dies zu Unzufriedenheit.

Dagegen regte sich innerhalb der kreolischen Eliten in den Kolonien eine Form passiven Widerstands, der sich an der Devise des «man gehorche, aber führe [noch] nicht aus» (*obedézcase pero no se cumple*) ablesen lässt. Diese bezog sich zunächst darauf, dass der Vizekönig eine Revision von Anweisungen des Indienrats beantragen konnte, wenn diese nicht den amerikanischen Gegebenheiten angepasst waren. Später erfolgte eine Ausweitung dieses Prinzips auf allen Verwaltungsebenen. Hinzu kam korrupte Amtsführung, die bereits in der Frühzeit der Konquista erkennbar war und später bis zu den Vizekönigen reichte. Das galt nicht nur für Hispanoamerika, sondern auch für Brasilien.

IV. Konsolidierung und Reform im 17. und 18. Jahrhundert

So verselbstständigte sich der Verwaltungsapparat in Amerika zusehends. Das entscheidende Element, an dem die zunehmende Autonomie der Verwaltung und Herrschaftsausübung in Hispanoamerika deutlich wurde, war der Ämterverkauf. Er resultierte aus der finanziellen Notlage der Krone aufgrund der europäischen Kriege. Die Spitzenpositionen im Verwaltungsapparat erhielten ursprünglich Beamte und Geistliche, die direkt aus Spanien kamen. Durch den Ämterverkauf erhielten Kreolen Zugang zunächst zu niederen und später auch zu höheren und höchsten Ämtern. In Brasilien hielt man demgegenüber zumindest an der Wahl der Stadträte fest, sodass hier weniger Missbrauch möglich war als in Hispanoamerika.

Der Ämterverkauf untergrub die Moral der Beamten, denn die investierte Kaufsumme wollte erwirtschaftet werden. Besonders problematisch war dies auf der Ebene der *corregidores* für die indigene Bevölkerung durch das System der Zwangsverkäufe (*repartimiento*) von Waren, durch das sich die Amtsinhaber schadlos zu halten versuchten. Die vergleichsweise hohen Summen für den Ämterverkauf zahlten indirekt die tributpflichtigen Indigenen. Die Inkompetenz der neuen Amtsinhaber wirkte sich etwa im Bereich der Finanzverwaltung negativ auf die königlichen Finanzen aus. Außerdem wurde die Krone dadurch quasi zum Komplizen der Korruption. Der Ämterverkauf, der die Finanzen der Krone eigentlich verbessern sollte, war damit kontraproduktiv.

Andererseits ermöglichte er auch einen gewissen Interessenausgleich zwischen Europaspaniern und Kreolen. Vor allem Kreolen der reichen Oberschicht gelang es, auf diesem Wege zu Einfluss zu kommen. Dabei war selbst die ethnische Zugehörigkeit nicht unbedingt ein Hinderungsgrund. Selbst Menschen nichteuropäischer Herkunft konnten sich sozusagen die «weiße» Hautfarbe mit einem Amt kaufen, wenn sie über die nötigen Mittel und vor allem Beziehungen verfügten. Der Ämterkauf galt nicht als unehrenhaft, da er ja von der Krone eingeführt, praktiziert und ausgebaut wurde. In Amerika ermöglichte diese Praxis in begrenztem Umfang soziale Mobilität, die die Herrschaft der Krone stabilisieren half.

Dazu trug auch die katholische Kirche bei, die eine wichtige Stütze des Herrschaftssystems in Amerika blieb. Sie erhielt ihre finanziellen Mittel von der Krone, wurde aber auch in stärkerem Maße kontrolliert und reglementiert als in Europa. Die Kirche entwickelte sich zur wichtigsten Bildungs-, Kredit- und Sozialeinrichtung der Kolonialzeit. Der Klerus konnte in diesem Zeitraum seine Macht und seinen Reichtum ausbauen und durch pompöse Kathedralbauten und Prozessionen öffentlich zur Schau stellen. Dabei spielten kreolische Elemente eine zunehmend wichtige Rolle. Schon um 1600 übertraf die Zahl der kreolischen Kleriker die der Europaspanier. Dass Letztere aber immer noch in der Regel die höchsten Ämter in der kirchlichen Hierarchie innehatten, führte zu Unzufriedenheit.

Die Christianisierung der Indigenen blieb auch im 17. Jahrhundert wichtig. Vor allem in den Grenzgebieten bildeten nun die Jesuiten die Vorhut weltlicher Gewalten, die ihnen mit gewissem zeitlichen Abstand folgten. Die Mission war keineswegs eine reine Erfolgsgeschichte. In vielen Regionen konnte auch nach langen Jahren der Bemühungen nur von einer oberflächlichen Christianisierung gesprochen werden, da trotz brutaler Verfolgungen an indigener Religiosität und Traditionen festgehalten wurde. Der Traum von einem Gottesstaat auf Erden, den mancher Missionar träumte, erfüllte sich daher nirgendwo, auch wenn die Jesuiten im abgelegenen Paraguay an der Verwirklichung dieser Vision mehr als ein Jahrhundert lang eifrig arbeiteten.

Ein zentrales Missionsziel war die Durchsetzung der Einehe. In den iberischen Kolonialgesellschaften blieb die Familie die soziale Basiseinheit, und Frauen spielten darin eine wichtige Rolle. Zwar erlangten Frauen der Oberschicht nur ausnahmsweise – wie im Fall der berühmten Mexikanerin Schwester Juana Inés de la Cruz – eine öffentliche Rolle, doch wurden sie von der Krone durchaus als Kulturträgerinnen verstanden, die durch ihr Beispiel die indigene Bevölkerung beeinflussen sollten. Das gelang jedoch nur mit Abstrichen. Die geplante Europäisierung der Indigenen blieb ebenso wie die Christianisierung in den Anfängen stecken.

IV. Konsolidierung und Reform im 17. und 18. Jahrhundert

Allerdings blieben die indigenen Sprachen und Kulturen nicht unverändert. Durch das Zusammenfließen der unterschiedlichen indigenen, europäischen und afrikanischen Traditionen entstanden neue hybride kulturelle Produkte. Das war das spezifisch Amerikanische an ihnen. Das vielleicht beste Beispiel dafür ist die monumentale bebilderte Chronik *Nueva corónica y buen gobierno* des Inka-Abkömmlings Guaman Poma de Ayala, die er zu Beginn des 17. Jahrhunderts an den spanischen König schickte. Auch die zahlreichen kirchlichen Feste als Ausdruck einer ausgeprägten Volksfrömmigkeit zeigten die Hybridisierungstendenzen, an denen die unterschiedlichen ethnischen und sozialen Gruppen teilhatten.

In der akademischen Kultur der in Amerika geborenen Oberschichten ergaben sich ebenfalls Veränderungen. Äußerlich orientierten sie sich an Spanien, waren jedoch gleichzeitig darum bemüht, den eigenständigen Wert der *reinos de las Indias* hervorzuheben. Bereits im 17. Jahrhundert war eine Identitätsbildung erkennbar, die sich auf Amerika und auf einzelne Regionen bezog. Noch blieb der kreolische, aber auch der indigene Patriotismus dem Mutterland verhaftet, die unterschiedlichen Interessen zwischen Spanien und Amerika wurden in diesem Zeitraum jedoch immer deutlicher.

Diese Eigenständigkeiten zeigten sich auch an den iberischen Wirtschafts- und Handelssystemen in Amerika, die vom europäischen Ideal weit abwichen. Die Monopolansprüche bestanden schon bald nur noch auf dem Papier. Im Überseeverkehr war ab 1564 das Konvoisystem mit neuen Routen endgültig etabliert, das aus Sicht der Krone durch die Nutzung der günstigsten Winde und den Schutz der Schiffe viele Vorteile bot. Die sogenannte *carrera de Indias* blieb in der Tat rund zwei Jahrhunderte erhalten, auch wenn es zu Zwischenfällen wie etwa der spektakulären Kaperung der neuspanischen Silberflotte durch den Holländer Piet Heyn (1628) kam.

Allerdings kritisierten viele Beobachter das System als ineffizient. Gerade im 17. Jahrhundert konnte die Nachfrage in Amerika kaum noch befriedigt werden, da die spanische Wirtschaft am Boden lag. Die Regelmäßigkeit der Konvois ließ zu wünschen übrig. Das Angebot traf nicht die Wünsche der Kunden, und die gelieferten Waren, vor allem Textilien und Güter des täglichen Bedarfs, die oft nur von Spanien als Durchgangsstation aus reexportiert wurden, waren überteuert. Umgekehrt sank der nach wie vor dominierende Silberexport nach Spanien aus den Steuer- und Tributeinnahmen im Lauf des 17. Jahrhunderts, was nicht nur auf die Unregelmäßigkeit des Schiffsverkehrs, sondern auch auf den steigenden Geldbedarf zur Verteidigung der Kolonien zurückzuführen war.

Das System konnte nur noch funktionieren, weil die Autoritäten Maßnahmen duldeten, die eigentlich gar nicht vorgesehen waren. Dazu zählte die eingeschränkte Flexibilisierung der Handelswege durch Privilegien etwa für den La-Plata-Raum (1602) oder die Erlaubnis zum Binnenhandel. Hinzu kam die enorme Zunahme des Schmuggels. Kolonialbeamte vom niedrigsten bis zum höchsten Rang und selbst das Militär hatten daran erheblichen Anteil. Viele Regionen waren dadurch immer mehr und besser in der Lage, sich selbst zu versorgen, was angesichts der Unfähigkeit Spaniens auch notwendig war.

Schmuggel und andere Formen des Betrugs plagten auch das portugiesische Herrschaftsgebiet, jedoch war das Handelssystem hier von sich aus flexibler und ließ Raum für Einzelunternehmer mit geringerem Kapital. Erst Mitte des 17. Jahrhunderts führte man angesichts der Bedrohung durch die holländischen Rivalen ein Flottensystem zum Geleitschutz ein. Aufgrund der Bedeutung der Zuckerplantagenwirtschaft in Brasilien entwickelte sich ein Dreieckshandel von Europa mit Waren nach Afrika, von dort mit Sklaven nach Brasilien und von dort mit Zucker und Tabak wieder nach Portugal. Später schalteten sich brasilianische Händler auch direkt in den Sklavenhandel ein. Probleme für die brasilianische Wirtschaft ergaben sich aus der zunehmenden Konkurrenz durch den Zuckeranbau in der englischen, französischen und holländischen Karibik. Doch lösten die Edelmetallfunde in der Provinz Minas Gerais in den 1690er-Jahren einen Boom aus und führten zu einer steigenden Bedeutung Rio de Janeiros als Stapelplatz.

Insgesamt wich die Realität in Amerika in beiden Fällen stark

IV. Konsolidierung und Reform im 17. und 18. Jahrhundert

von der Theorie ab. Das begünstigte in der Praxis eigenständige Entwicklungen. So wuchsen regionale Märkte unterschiedlicher Größe, die sich je nach Kontext auf die indigene Landwirtschaft, den kleinen *rancho* mit Ackerbau und Viehhaltung oder auf den expandierenden Großgrundbesitz (*hacienda, facenda* und *estancia*) stützten. Daneben gab es auch eigenständige Ansätze im verarbeitenden Sektor, etwa in den Textilbetrieben (*obrajes*) von Quito. Außerdem entstanden nun auch in Hispanoamerika, etwa in Guatemala, Venezuela oder Neu-Granada, vor allem aber in der Karibik und in Brasilien, kapital- und arbeitsintensive Plantagen zum Anbau tropischer und subtropischer Produkte wie Zucker, Tabak, Kakao und Indigo. Insgesamt gab es in den Kolonien in diesem Zeitraum scheinbar fast immer genug Lebensmittel für die Bevölkerung, sodass es im Unterschied zu Europa seltener zu Hungerkrisen kam.

Im amerikanischen Binnenhandel entwickelte sich Acapulco zum Zentrum eines florierenden, wenn auch verbotenen Handels an der Westküste Amerikas. Von dort wurden die aus China kommenden Luxusgüter nach Quito, Peru und Chile weiterverschifft. Im karibischen Raum bildete sich ein blühender Dreieckshandel zwischen den Antilleninseln, Neu-Spanien und der Nordküste Südamerikas. Weiter im Süden war das Schmugglernest Buenos Aires Knotenpunkt eines Netzes, das von Europa über Afrika und Brasilien bis nach Peru reichte. Sich wandelnde Marktbedingungen und Konsumgewohnheiten, die europäischen Konkurrenten vor Ort und die Profitinteressen der europastämmigen Eliten und Kolonialbeamten sorgten dafür, dass die königlichen Handelsmonopole im 17. Jahrhundert nur noch auf dem Papier bestanden.

Die eigenständigen Entwicklungen in den Kolonien waren die Grundlage für eine relative Prosperität. Das soll nicht heißen, dass sich Amerika abkoppelte. Die Strukturen entwickelten sich in engem Wechselverhältnis zum transatlantischen Handels- und Wirtschaftssystem, das nicht nur aus dem offiziell registrierten, sondern auch aus dem vielfältigen illegalen oder halblegalen Handel bestand.

Die iberischen Mächte sahen der Unterwanderung ihrer Monopolansprüche nicht tatenlos zu. Konflikte ergaben sich auf zwei Ebenen. Zum einen nahmen die Auseinandersetzungen zwischen Spanien und Portugal nach dem Ende der Personalunion 1640 an Schärfe zu. Dabei waren die Portugiesen die dynamisch-expansiven Kraft, während die Spanier im Wesentlichen reagierten. So entstanden zahlreiche Konfliktherde, die immer wieder zu Konfrontationen führten.

Zum anderen blieben die Kämpfe gegen weitere europäische Rivalen eine Konstante im kolonialen Kontext. Im 17. Jahrhundert wechselten sich die Niederlande, England und Frankreich darin ab, das iberische Monopol wirksam infrage zu stellen. Daran ließ sich die steigende Bedeutung von Handel und Kolonien als Prestigefaktor für eine Großmacht ablesen. Zunächst waren es vor allem die Holländer, die sich phasenweise äußerst effektiv in Amerika, insbesondere in Brasilien (1637–1654), festsetzten und den Sklavenhandel dominierten. Die europäischen Kriege ab 1652 zerstörten jedoch deren Position.

Nur in der Karibik konnten sich die Holländer behaupten. Überhaupt blieb die Inselwelt aus spanischer Sicht die wichtigste Krisenregion. Hier entstanden unter den Augen der spanischen Kolonialbeamten und oftmals mit deren stillschweigender Duldung Schmuggelzentren, die sich durch den Aufbau der Plantagenwirtschaft in regelrechte Kolonien verwandelten. So siedelten Franzosen, angetrieben durch die ambitionierte Kolonialpolitik Kardinal Richelieus, seit 1635 auf Martinique, Guadeloupe und Dominica und einige Zeit später auch im Westteil Hispaniolas, dem späteren Haiti. Die Engländer griffen unter ihrem Lordprotektor Cromwell 1654 nach Amerika, konnten sich aber zunächst nur auf Jamaika und punktuell an der zentralamerikanischen Ostküste festsetzen. Auch kleinere europäische Staaten wie Dänemark, Brandenburg und selbst Bayern wollten sich einen Anteil am boomenden Geschäft mit Zucker, Tabak und Sklaven auf den Karibikinseln sichern. Hinzu kamen die Übergriffe von Piraten, die sich mal für die eine, mal für die andere Seite einspannen ließen. Aufgrund der riesigen Ausdehnung der iberoamerikanischen Küsten und der notorisch unter-

IV. Konsolidierung und Reform im 17. und 18. Jahrhundert

besetzten Verteidigung konnten die Spanier diesem Treiben meist nur hilflos zusehen.

Obwohl sich an dieser aus spanischer Sicht misslichen Lage zunächst wenig änderte, stellte das Jahr 1700 eine Trendwende für das Kolonialreich dar. Mit Philipp V. (1700–1746), einem Enkel Ludwigs XIV., kamen die Bourbonen auf den Thron. Die neue Dynastie entwickelte ein dem französischen Vorbild nachempfundenes Reformprojekt im Zeichen des aufgeklärten Absolutismus, das die königliche Macht im Mutterland und in Amerika stärken sollte. Auch für das portugiesische Amerika brachte das neue Jahrhundert tief greifenden Wandel. Nicht zuletzt wegen der Edelmetallfunde im Hinterland sprach man von einem goldenen Zeitalter. Brasilien wurde zum wichtigsten Bestandteil des weltumspannenden portugiesischen Imperiums.

In der Tat handelte es sich um eine Epoche allgemeinen Bevölkerungswachstums. Dieses wiederum stimulierte ebenso wie die steigende Nachfrage in Europa die Wirtschaft in vielen Regionen. Im spanischen Amerika wurden nun auch die Regionen stärker in das transatlantische System eingebunden, die nicht über Edelmetalle verfügten. Markt- und Geldwirtschaft verdrängten zunehmend den Tauschhandel. Die wirtschaftlichen Entwicklungen förderten die Entstehung großer Vermögen, was Chancen zum sozialen Aufstieg eröffnete. Andererseits schuf die demographische Gesamtentwicklung vielerorts sozialen Druck, der sich durch das weitere Vordringen der *hacienda* und die wachsenden Steuerlasten noch verstärkte.

Im Kontext dieser Umbrüche begann zunächst die spanische Krone nach Ende des Erbfolgekriegs (1701–1713/14) eine Reformpolitik der kleinen Schritte, die sich vom Mutterland aus auch auf die Kolonien erstreckte. Dort hatte der Schmuggel den Warenhandel ausgehöhlt, und der legale Handel war größtenteils in die Hände von Ausländern übergegangen, sodass vor allem die Edelmetalle aus der Neuen Welt gar nicht in Spanien blieben. Durch die Bestimmungen des Friedens von Utrecht von 1713, der die Engländer im Handel mit Hispanoamerika privilegierte, hatte sich die Lage weiter zugespitzt.

So kam es schon bald zu ersten konkreten Maßnahmen mit

dem Ziel, die königliche Kontrolle über die Kolonien durch die Schaffung einer dem König direkt verpflichteten Beamtenschaft zu straffen, Kosten zu senken, Einnahmen zu erhöhen und gegen den Schmuggel vorzugehen. Die Verwaltungsstrukturen wurden durch die Einrichtung eines neuen Vizekönigreichs Neu-Granada (1717) im nördlichen Südamerika reformiert. In militärischer Hinsicht verstärkte man den Schutz der Seewege. Es gab sogar Ansätze zur Reform des Handels- und Schifffahrtssystems durch den Einsatz von privaten Handelskompanien wie der baskischen Gesellschaft Guipuzcoana in Venezuela (1728). Die Maßnahmen waren jedoch zu diesem frühen Zeitpunkt noch halbherzig und wurden teils wieder zurückgenommen.

Die zahlreichen europäischen Kriege des 18. Jahrhunderts, die auch in den Kolonien ausgetragen wurden, offenbarten in der Folgezeit die Schwäche der iberischen Mächte. Die Spanier reagierten, indem sie Bestandsaufnahmen in Auftrag gaben, die Besorgniserregendes über den Zustand der Kolonien berichteten. Sie schilderten eindringlich die militärische Schwäche der Kolonien, die Misshandlungen der indigenen Bevölkerung, die Missstände der Kirche, die Korruption der Verwaltung sowie die Ablehnung der Europaspanier. Als Konsequenz intensivierte Philipps Nachfolger Ferdinand VI. (1746–1759) den Reformeifer zur effektiveren wirtschaftlichen Ausbeutung Amerikas wieder. Trotz des Widerstands der Großhandelskreise in Cádiz und Mexiko setzte man erste Reformen am Flottensystem um, und der Druck zur Ausweitung der Handelsfreiheit wuchs.

Vollendet wurden die Reformen unter König Karl III. (1759–1788). Sein Regierungsantritt fiel in die Zeit des Siebenjährigen Kriegs, in den Spanien noch im August 1761 an der Seite Frankreichs eintrat, um eine vernichtende Niederlage gegen die Engländer in Amerika zu erleiden. Die Krise führte nun zu einer Intensivierung der Reformbemühungen, die in Amerika so weitreichende Folgen hatten, dass man mit Recht von einer «zweiten Konquista» Amerikas gesprochen hat.

Den Gedanken der spanischen Aufklärung folgend, führten Karl III. und seine Berater eine Reform von oben durch. Grundlegend blieb die Erhöhung des wirtschaftlichen und steuerlichen

IV. Konsolidierung und Reform im 17. und 18. Jahrhundert

Ertrags der *Indias*, für die sich nun der Begriff Kolonien einbürgerte, als Rohstofflieferanten für das Mutterland. Zunächst ließ man die Verhältnisse vor Ort durch Generalvisitationen prüfen. Die daraufhin durchgesetzten Reformen betrafen unterschiedliche Ebenen. So sollte die Kirche vom päpstlichen Einfluss befreit werden. Eine Institution, die den Reformzielen aus Sicht des Herrschers entgegengesetzt war, da sie die Idee des Gottesgnadentums infrage stellte und in den Kolonien eine bedenkliche Machtfülle erreicht hatte, waren die Jesuiten. 1767 ließ der König den Orden aus seinen Herrschaftsgebieten ausweisen.

Die Verbesserung der Verteidigung stand im Mittelpunkt der Reformen. Dazu diente die Schaffung von Generalkapitanaten in Venezuela (1777) und Chile (1778) und eines neuen Vizekönigreichs am Río de la Plata (1777). Die Befestigungsanlagen an neuralgischen Punkten wie Panama, Havanna, Cartagena, Callao oder Guayaquil wurden nun weiter ausgebaut. Wichtig war ferner die Steigerung der Truppenstärke in Amerika durch neue Milizverbände, in denen auch *castas* dienten. Um diese Maßnahmen zu bezahlen, erhöhte man die Steuern und trieb sie nun effektiver ein. Außerdem führte man neue Techniken im Bergbau ein. Auch die Liberalisierung des interkolonialen und des Überseehandels folgte diesem Ziel. So hatte das Monopol von Cádiz 1765 ein Ende. Wenngleich die Liberalisierung enge Grenzen hatte, führten die Maßnahmen zu einem starken Anstieg des Handelsvolumens.

Eine weitere Ebene war die umfassende Verwaltungsreform. Die Vorbehalte gegenüber den Kreolen zeigten sich daran, dass die Krone den Ämterverkauf beendete. Hohe europaspanische Amtsträger überschwemmten förmlich die Kolonien. Zentral war die Einführung des Intendantensystems ab 1764. Der Intendant war ein unmittelbar der Krone verantwortlicher Beamter, ein direktes Bindeglied zwischen Lokalverwaltung und Zentralgewalt.

Brasilien erlebte im 18. Jahrhundert ebenfalls seine Variante der Reformpolitik. Sie stand im Zeichen des portugiesischen Premierministers Marquês de Pombal (1756–1777), der die seit dem sogenannten Methuen-Vertrag von 1703 bestehende Abhängigkeit von England reduzieren wollte. Viele Maßnahmen wie Verwaltungs-, Militär-, Handels- und Wirtschaftsreformen, Steuererhöhungen und Vertreibung der Jesuiten ähnelten denen der Spanier, aber es gab auch Unterschiede. Ein Grundproblem Brasiliens war die geringe Bevölkerungsdichte. Im Zuge einer Peuplierungspolitik vereinfachte man die Legitimierung unehelicher Kinder, duldete Konkubinate und förderte interethnische Heiraten mit der indigenen Bevölkerung. Die Bevölkerung sollte effektiver kontrolliert werden. So schuf man größere verwaltungstechnische Einheiten und verlegte den Sitz der Hauptstadt 1763 nach Rio de Janeiro, was die gewachsene Bedeutung des brasilianischen Südens widerspiegelte. Durch die Maßnahmen gelang es der portugiesischen Reformpolitik stärker als der spanischen, die Strukturen der Kolonie zu zentralisieren.

Die bourbonischen und pombalinischen Reformen stellten den tiefgreifendsten Einschnitt in der rund 300-jährigen Kolonialpolitik dar. Doch wurden die damit verbundenen Ziele nur teilweise erreicht. Es kam zwar zu einer Belebung des Wirtschaftslebens, die jedoch nicht einseitig auf die Reformen zurückzuführen war. Die aufgrund des Bevölkerungswachstums sinkenden Arbeitskosten in Amerika und die steigende Nachfrage in Europa waren entscheidend für den Erfolg. Die Gewinne flossen keineswegs nur zurück ins Mutterland, sondern mussten etwa zur Finanzierung der Verteidigung verwendet werden. Die Reformen führten auch dazu, dass sich die Schere zwischen Arm und Reich weiter öffnete. Weder den Spaniern noch den Portugiesen gelang es, die europäischen Konkurrenten vollständig vom amerikanischen Kontinent zu verdrängen. Das Hauptproblem für die iberischen Mächte war letztlich die kurze Dauer, die den Reformen beschieden war. Nach dem Sturz Pombals 1777 und dem Tod Karls III. 1788 erlahmte der kolonialpolitische Eifer.

V. Revolutionäre Wege in die Unabhängigkeit, 1760–1830

Das Erlahmen des Reformeifers und die Wankelmütigkeit der Zentralen, die in der Folgezeit einzelne Maßnahmen wieder zurücknahmen, waren nicht zuletzt darauf zurückzuführen, dass sich die Verwirklichung der weitgesteckten Reformziele vor Ort oft als problematisch herausstellte. Im fernen Amerika blieb Regieren letztlich trotz aller königlichen Machtansprüche ein Aushandlungsprozess mit den kreolischen Oberschichten und an den Grenzen der Besiedlung sowie im Hinterland auch mit freien Indigenen und Afroamerikanern.

Im 18. Jahrhundert gab es unter den amerikanischen Oberschichten noch keine Einheitsfront gegen die Reformen. Je nach Interessenlage konnten bestimmte Maßnahmen der Krone durchaus Zustimmung bei Teilen der europastämmigen Eliten finden. Allerdings lehnte eine große Mehrheit die zunehmende Beschneidung ihrer Freiräume ab. Nicht nur weil sich das quantitative Verhältnis zu den Europaspaniern immer mehr zu ihren Gunsten verlagerte, beanspruchten die in Amerika Geborenen mehr Mitspracherechte. Die Reformen, die dazu gedacht waren, den Zugriff des Mutterlands auf die Kolonien zu stärken, trugen paradoxerweise auch den Keim der Überwindung der spanischen Herrschaft in sich, da sie das Selbstbewusstsein der Kreolen stärkten.

Der Wandel im Denken speiste sich aus zwei Quellen. Die eine war die ältere naturrechtliche Tradition der Spätscholastik, die von einem Vertrag zwischen König und Volk ausging, der die Untertanen nur so lange zum Gehorsam verpflichtete, wie der Herrscher seinen Verpflichtungen ihnen gegenüber nachkam. Die zweite Quelle des geistigen Wandels war die Aufklärung, die tief greifende Veränderungen in Wissenschaft und Kultur brachte. Entscheidend in der spanischen Variante der

Aufklärung war die Ausrichtung auf nützliches Wissen. In den Kolonien fand es Verbreitung durch gelehrte Reisende wie Alexander von Humboldt, «den zweiten Entdecker Amerikas». An deren wissenschaftlichen Expeditionen beteiligten sich Kreolen und lernten den Reichtum der eigenen *patria* kennen.

Als Folge organisierten sie sich in patriotischen Gesellschaften und forderten in einer wachsenden Zahl von Druckerzeugnissen eine an den Interessen Amerikas orientierte Neuausrichtung. Damit einher ging die zunehmende Kritik an einer Kolonialpolitik, die die Entwicklung hemmte und die in Amerika Geborenen benachteiligte. Besonders die einseitig die Europaspanier begünstigenden Ernennungspraktiken und die Eindämmung des Ämterkaufs schufen Unruhe. Die Identifikation mit der eigenen Region und darüber hinaus mit dem Großraum Amerika geschah in Abgrenzung von Europa, wo viele Denker der These von der klimabedingten Degeneration der Neuen Welt anhingen. Allerdings standen die lateinamerikanischen Denker auch in enger Verbindung mit der europäischen Aufklärung, deren Werke zur Kritik an der Kolonialherrschaft anregten. Nicht nur in dieser Hinsicht waren die kolonialen Eliten eng in den atlantischen Kontext eingebunden und nahmen die Neuigkeiten von den revolutionären Ereignissen zunächst in Nordamerika und später in Frankreich begierig auf.

Diese Revolutionen beeinflussten die lateinamerikanischen Eliten, standen aber nicht in einem direkten Kausalzusammenhang zu den Aufständen dieses Zeitraums. Dabei handelte es sich in der Regel um lokale Reaktionen auf die sozioökonomischen Auswirkungen der bourbonischen Reformen, bei denen auf Traditionen und alte Ordnungsvorstellungen zurückgegriffen wurde. Häufigkeit und Ausmaß der Rebellionen verdichteten sich im späten 18. Jahrhundert, und es kam zu allerdings meist nur temporären, soziale Schichten und ethnische Gruppen übergreifenden Allianzen. Sie waren ein Zeichen für die gestörte Balance in den Beziehungen zwischen Metropole und Kolonien.

So waren die Aufstände im Gouvernement Caracas (1732–1749) auf den Kontrollverlust und die Einkommenseinbußen kreolischer Großgrundbesitzer zurückzuführen. In Quito kam es unter kreolischer Führung 1765 zu Aufständen gegen das neue Steuersystem und die Reform des königlichen Branntweinmonopols. Ähnlich gestaltete sich die *comuneros*-Revolte im Vizekönigreich Neu-Granada (1780/81–1783), die sich insbesondere gegen die Tätigkeit des Generalvisitators Juan Francisco Gutiérrez de Piñeres richtete. Die beteiligten Kreolen entzogen dem Protest hier ihre Unterstützung, als radikale soziale Forderungen laut wurden.

Noch bedrohlicher waren die Aufstände der Indigenen in Peru und Hochperu 1780/81. Angeführt vom selbst ernannten Inka Túpac Amaru II. brachten sie den Protest gegen die verschärfte Ausbeutung zum Ausdruck und beinhalteten messianische Untertöne. Die Rebellion forderte einen hohen Blutzoll und brannte sich tief ins kollektive Gedächtnis ein. Für die «Weißen» – Kreolen oder Europaspanier – des Vizekönigreichs war sie ein Warnsignal. Die Angst vor einem neuerlichen indigenen Aufstand ließ die Kreolen Perus in der Folgezeit vor radikalen Schritten zurückschrecken. Ähnlich ablehnend reagierten die Oberschichten dort, wo sich wie etwa in Brasilien oder Venezuela gegen Ende des 18. Jahrhunderts Sklaven und freie Afroamerikaner an den Aufständen beteiligten.

Dass die Mehrheit der Kreolen vorsichtig reagierte, wenn die soziale Komponente zum Tragen kam, lag nicht zuletzt an der Sklavenrevolution in Saint-Domingue. Diese seit 1697 französische Kolonie hatte seit der Mitte des 18. Jahrhunderts als Zucker- und Kaffeeproduzentin an Bedeutung gewonnen. Ihr Reichtum basierte auf einer besonders brutalen Form der Sklaverei. In Saint-Domingue bildete sich ein extremes quantitatives Ungleichgewicht zwischen Sklaven und freier Bevölkerung heraus, die sich in Europastämmige und freie Afroamerikaner, die sogenannten *gens de couleur*, aufspaltete. Die soziale Lage war am Vorabend der revolutionären Ereignisse aufgrund der Antagonismen zwischen und innerhalb der ethnischen Gruppen spannungsgeladen.

Mit dem Beginn der Französischen Revolution kam es von Mitte 1789 bis Mitte 1791 zu einer ersten Aufstandswelle in

Saint-Domingue. Zunächst handelte es sich um Auseinandersetzungen unter weißen Eliten, die sich jedoch ausbreiteten. Bald griffen mit den *gens de couleur* Akteure ein, die scheinbar die herrschende «Rassehierarchie» infrage stellten. Folge der Gewaltausbrüche war die Auflösung der staatlichen Ordnung. Alle beteiligten Gruppen versuchten, das entstehende Chaos für sich zu nutzen. Bewusst oder unbewusst nahmen die verfeindeten Lager in Kauf, dass sie ihre Position gegenüber dem Bevölkerungselement schwächten, das die breite Masse der Inselbevölkerung stellte, den Sklaven.

Trotz aller Antagonismen war die Institution der Sklaverei aus Sicht der meisten Akteure – und nicht nur der Weißen – unantastbar. Anfangs hatten die Sklaven Saint-Domingues kaum in die Ereignisse eingreifen können. Allerdings blieben ihnen die zunehmend anarchischen Zustände auf der Insel ebenso wenig verborgen wie die revolutionäre Gleichheitsrhetorik. Im August 1791 brach die Sklavenrevolte los. In Frankreich reagierte man auf die Zuspitzung der Ereignisse mit der Entsendung von Zivilkommissionen, die jedoch auch nicht Herr der unübersichtlichen Lage wurden. Mit der durch die Radikalisierung der Französischen Revolution 1792 hervorgerufenen englischen und spanischen Kriegserklärung griffen noch dazu internationale Akteure ein. Vor diesem Hintergrund erkämpften sich die Sklaven eine Machtposition, die in Kombination mit der Menschenrechtsdebatte in Frankreich die Abschaffung der Sklaverei durch den Kommissar Léger Félix Sonthonax (29.8.1793) und später durch den Nationalkonvent (4.2.1794) unvermeidbar machte. Begünstigt wurden die Sklaven durch die Tatsache, dass die miteinander verfeindeten Fraktionen das Ausmaß der Bedrohung unterschätzten.

Bis 1804 stellte sich die Machtfrage unter neuen Vorzeichen. Nun konkurrierten vor allem die Gruppen der *gens de couleur* und der ehemaligen Sklaven miteinander, während die Fraktionen der Weißen zunehmend an Bedeutung verloren. Daneben galt es, die Bedrohung durch die ausländischen Invasoren in den Griff zu bekommen. Zentral war in diesem Zeitraum der Aufstieg des ehemaligen Sklaven François Dominique Toussaint

L'Ouverture. Toussaint gelang es, sowohl die Spanier als auch die Engländer zurückzudrängen und eine wirtschaftliche Erholung einzuleiten. Außerdem manövrierte er die Pariser Kommissare ins politische Abseits und schwang sich nach einem Feldzug gegen den von *gens de couleur* dominierten Süden zum unumstrittenen Herrscher der Insel Hispaniola auf. Auf dem Höhepunkt seiner Macht ließ er im März 1801 eine Verfassung für die Kolonie ausarbeiten, die ihn zum Gouverneur auf Lebenszeit bestimmte.

Zu diesem Zeitpunkt war Toussaint in Frankreich mit Napoléon Bonaparte jedoch ein Gegner entstanden, der die reiche Zuckerinsel wiedererobern wollte, um damit eine Grundlage für seine Kolonialpläne in Amerika zu schaffen. 1802 entsandte er ein Expeditionskorps, das Toussaint gefangen nahm. Als man jedoch die Sklaverei wiedereinführen sollte, kam es zu einer ungeahnten Welle des Widerstands. Schon im Folgejahr mussten die durch eine Gelbfieberepidemie geschwächten Franzosen abziehen. Der neue starke Mann Jean-Jacques Dessalines rief am 1. Januar 1804 die Unabhängigkeit des Staates Haiti aus, ein Name, den man bewusst aus der Sprache der Ureinwohner entlehnte.

Inmitten der Karibik war die Überwindung der Sklaverei gelungen. Damit wies die Revolution von Haiti weit über den karibischen Raum hinaus. War sie für die Sklaven der Nachbarinseln ein Zeichen der Hoffnung, so erregte sie bei den Sklavenhaltern Angst und Hass. Eine höchst problematische Folge der Revolution von Saint-Domingue war die bleibende Gleichsetzung der Sklavenbefreiung mit Chaos und Anarchie. Die Sklavenrevolution wurde als prinzipielle Bedrohung der ethnischen Hierarchie dargestellt und hatte abschreckende Wirkung in ganz Lateinamerika.

Dass es auch in Iberoamerika zu Unabhängigkeitsbewegungen kam, lag an der Krise der Mutterländer, die sich seit dem Beginn der Französischen Revolution verschärfte. Dabei unterschieden sich die Entwicklungen im spanischen und portugiesischen Reich deutlich. Die Schwäche Spaniens war nicht zuletzt Ausdruck der innenpolitischen Probleme unter Karl IV. (1788–1808) und dessen erstem Minister Manuel de Godoy. In außenpolitischer Hinsicht hatte sich die Lage im Lauf des 18. Jahrhunderts zunehmend verschlechtert. In den 1790er-Jahren zunächst gegen, dann ab 1796 mit Frankreich in die Revolutionskriege verstrickt, vertieften sich die Schwierigkeiten durch den Gegensatz zu England. Der Verlust der Flotte in der Seeschlacht von Trafalgar 1805 bedeutete einen Tiefpunkt.

Spaniens Krise blieb nicht auf Europa beschränkt. Dies wurde am Río de la Plata deutlich, als englische Truppen 1806 Buenos Aires besetzten, aber von kreolischen Milizen zurückgeschlagen wurden, während der spanische Vizekönig ins Hinterland floh. Der militärische Erfolg steigerte das Selbstbewusstsein der Kreolen. Gleichzeitig zeigte sich die Unfähigkeit der spanischen Krone, ein Eindruck, der durch unterschiedliche Maßnahmen wie die halbherzige Handelsliberalisierung und die Veräußerung von Kirchenbesitz noch verstärkt wurde. In Spanien spitzten sich die Ereignisse derweil zu. Nach einem Offiziersaufstand kam es 1808 zur Abdankung Karls IV. zugunsten seines Sohnes Ferdinands VII. Dies nahm Napoleon zum Anlass, in Spanien einzumarschieren und Karl und Ferdinand zum Thronverzicht zu zwingen. An ihrer Stelle ließ er seinen Bruder Joseph Bonaparte zum König proklamieren. Diese Maßnahmen lösten in Spanien eine Volkserhebung aus, die von zahlreichen lokalen Juntas gesteuert wurde. Im September gründete sich in Sevilla eine Zentraljunta, die die Regierung im Namen Ferdinands VII. übernahm. Gegenüber Amerika zeigten sich die neuen Autoritäten zunächst entgegenkommend und kündigten einen Kurswechsel und eine stärkere Einbindung der Kreolen an.

Die Ankündigungen aus Spanien zur Gleichberechtigung der Kolonien weckten hohe Erwartungen. Die Treue zum Herrscher und die Bereitschaft zum Kampf gegen die französischen Invasoren blieben in Amerika wichtige Grundüberzeugungen weiter Bevölkerungsteile. Über die Frage, wie das Herrschaftsvakuum zu füllen sei, brach vielerorts Streit aus, wobei sich wie etwa in Mexiko und Buenos Aires Kreolen und Europaspanier gegenüberstanden. Der alten vertragsrechtlichen Position folgend, wonach bei Abwesenheit des Monarchen die Souveränität an das Volk zurückfalle, schritten einflussreiche Kreolen nun zur Bildung eigener Juntas. In den *audiencias* von Quito und Hochperu setzten sie die spanischen Beamten ab und wollten autonom – wenn auch im Namen des Königs – regieren. Zwar schlug man diese Bestrebungen gewaltsam nieder, doch radikalisierte sich auch andernorts der Protest. Die napoleonische Invasion in Spanien hatte also den externen Schock gebracht, der nötig war, um die seit Langem angestauten Frustrationen über die spanische Kolonialpolitik zur Entladung zu bringen.

Als 1810 in Cádiz die alten Reichsstände, die *cortes*, zusammentraten, waren auch kreolische Delegierte eingeladen, die man in Wahlen vor Ort in Amerika ermittelt hatte. Da der Wahlmodus den bevölkerungsreichen Kolonien nur einen Bruchteil der Mandate zuwies, die die Spanier für sich beanspruchten, regte sich jedoch Kritik. Die kreolischen Forderungen nach politischer Gleichberechtigung und nach Handelsliberalisierung konnten sich in der Verfassung von Cádiz von 1812 nicht durchsetzen, die bei vielen Kreolen eher Enttäuschung hervorrief. Dennoch wurden ab 1813 Wahlen durchgeführt, und die verfassungsmäßige Ordnung konnte sich den andauernden Unruhen zum Trotz zumindest in einigen Regionen tatsächlich etablieren. Dies war aber nur von kurzer Dauer, denn schon 1814 hob der zurückgekehrte Ferdinand VII. im Zuge der absolutistischen Restauration die Verfassung wieder auf.

Zu diesem Zeitpunkt hatten sich die Ereignisse in Amerika bereits verselbstständigt. Es handelte sich nicht um einen geradlinigen Prozess zur Unabhängigkeit, sondern um zwei Phasen, deren erste sich zwischen 1810 und 1816 abspielte. In dieser Phase erklärten kreolische Oberschichten in zahlreichen Regionen die Unabhängigkeit. In Neu-Spanien kam es unter Führung der Geistlichen Miguel Hidalgo und später José María Morelos ab 1810 zu einem Aufstand, der sich zu einer Bewegung der ländlichen Massen auswuchs. Ihre politischen Ziele waren widersprüchlich und verbanden moderne Programmpunkte mit traditionellen Vorstellungen vom Erhalt korporativer Privilegien insbesondere für die Kirche. Letztlich konnte sich die Bewegung nicht durchsetzen, weil die kreolische Unterstützung ausblieb. Mit der Hinrichtung von Morelos war 1815 die sozialrevolutionäre Phase des Kampfs um die Unabhängigkeit Neu-Spaniens beendet.

Der Verlauf der revolutionären Ereignisse in Venezuela zwischen 1809 und 1815 war vor allem auf die Regionalismen und auf soziale Faktoren zurückzuführen. Zu Beginn mündete die Angst der weißen Oberschicht vor der Sozialrevolution in eine defensiv ausgerichtete politische Revolution, die sich jedoch schnell verselbstständigte und 1811 in der formellen Unabhängigkeit gipfelte. Allerdings betrieb man eine kurzsichtige Kirchturmpolitik, die sich an den Interessen der kleinen, Land besitzenden Oberschicht orientierte. Das zeigte sich insbesondere bei der Behandlung der nicht privilegierten Bevölkerungsgruppen. Zweimal scheiterten republikanische Experimente, obwohl sich mit Simón Bolívar ein militärischer Anführer von Format herauskristallisiert hatte.

Auch in Neu-Granada scheiterte die erste Republik an regionalistischen Strömungen. Die Angst vor der sozialen und ethnischen Dimension des Aufstands war hier weniger ausgeprägt. Zwar nahmen nichtweiße Bevölkerungsgruppen als Soldaten daran teil, doch konnten sie den Gang der Ereignisse mit Ausnahme Cartagenas nur selten bestimmen. In Neu-Granada handelten im Wesentlichen drei in sich keineswegs homogene Kriegsparteien, die Zentralisten, die Föderalisten und die Königstreuen. Wie in Venezuela fehlte auch hier eine gemeinsame politische Vision, sodass die spanische Rückeroberung gelingen konnte. Doch auch in Neu-Granada war der revolutionäre Funke noch lange nicht erloschen.

Schneller endete der 1810 unternommene zweite Anlauf zur regionalen Autonomie in Quito. Der kreolische Adel wollte die Krise Spaniens nutzen, um die eigene Position auszubauen und wichtige Ämter zu besetzen. Die sozialen Hierarchien sollten nicht angetastet werden, und auch in politischer Hinsicht blieb der revolutionäre Elan halbherzig. Den endgültigen Bruch mit Spanien vollzogen die Honoratioren letztlich nicht. Der Elitenkonflikt erleichterte die Rückeroberung, die bereits 1812 abgeschlossen war.

Das Generalkapitanat Chile teilte zwischen 1810 und 1814

das Schicksal vieler weiterer Ansätze zur Unabhängigkeit im spanischen Kolonialreich in dieser Phase. Das politische Bewusstsein blieb provinziell auf einzelne Städte beschränkt, deren Stadträte die Hauptakteure in den Ereignissen stellten. Die Ansätze zur Schaffung einer zentralen Junta im September 1810 waren daher problematisch, denn die politischen Ziele wurden nicht eindeutig festgelegt. Lange Zeit ging es nicht um die Unabhängigkeit, sondern um die Autonomie und um deren Legitimation. Dies musste scheitern, als die Royalisten 1813/14 von Peru aus zurückschlugen und energisch die Wiederherstellung der traditionellen Ordnung betrieben.

Anders war die Lage am Río de la Plata. Keine Region Lateinamerikas gelangte schneller zur Unabhängigkeit, die hier auch nicht mehr verloren ging. Allerdings hatte die von Buenos Aires ausgehende Bewegung viele Probleme mit den anderen Regionen gemein. Auch hier wollte man die gesellschaftliche Ordnung aufrechterhalten. Hinzu kam das Bestreben der Hafenstadt, das Hinterland zu dominieren. Dies war jedoch nach 1810 nicht mehr möglich. Einzelne Provinzen grenzten sich eifersüchtig voneinander ab, weil sie wie das seit 1811 unter José Gaspar de Francia unabhängige Paraguay unterschiedliche wirtschaftliche Interessen oder politische Vorstellungen verfolgten oder weil persönliche Rivalitäten zwischen Caudillos bestanden. Angesichts dieser Zersplitterung konnten der Verlust Hochperus, das 1816 unter die Kontrolle der peruanischen Monarchisten fiel, und der Banda Oriental an Portugal 1816/17 nicht erstaunen. Die Ereignisse seit 1810 hatten einen Selbstbehauptungswillen erzeugt, der sich sowohl gegen die Herrschaftsansprüche der alten Kolonialmächte richtete als auch gegen die aus Buenos Aires.

Dort, wo die kreolischen Patrioten erfolgreich waren, setzten sie den Wechsel des Regierungssystems vom dynastischen Prinzip und Gottesgnadentum des Absolutismus zu den Prinzipien von Volkssouveränität und Staatsbürgertum durch. Die politischen Erfahrungen der Initiatoren waren jedoch begrenzt. Sie nutzten die Stadträte als Keimzelle lokaler Autorität, um ihren Forderungen nach regionaler Autonomie Nachdruck zu verleihen. Zunächst betonten sie nachdrücklich, dass sie die Regierungsgewalt im Namen des rechtmäßigen Königs ausübten, und gingen erst im Lauf der Zeit darüber hinaus. Die Kreolen bemühten sich durch den Bezug auf die eigene Heimatregion, die *patria*, Identität zu stiften. Dabei bedienten sie sich unterschiedlicher symbolischer Handlungen wie etwa der Bezugnahme auf das indigene Erbe. Sie konstruierten eine Geschichte der viele Jahrhunderte andauernden Unterdrückung und des heroischen Widerstands, an die sie anschließen konnten. Allerdings waren diese Konstrukte nicht so tragfähig, dass sie die tiefen Elitenkonflikte überbrücken konnten. Es war zweifellos die größte Schwäche der Unabhängigkeitsbewegungen in dieser Phase, dass große Teile der nicht privilegierten Bevölkerung ausgegrenzt blieben, ja dass man ihre Beteiligung nach dem Fanal Haitis geradezu fürchtete.

So fiel es den Spaniern vergleichsweise leicht, ab 1815 große Gebiete zurückzuerobern, wobei ihnen die Royalistenhochburg Peru als wichtige Basis diente. Allerdings fachte die außergewöhnliche Härte der spanischen Kriegsführung den Widerstandsgeist erneut an. Das zeigte sich etwa im Süden Hispanoamerikas. Das unabhängige Paraguay und Buenos Aires sowie die Provinzen im Hinterland konnten der Rückeroberung entgehen. Von dort ging unter dem Befehl General José de San Martíns die Befreiung Chiles und – zumindest indirekt – auch die der Banda Oriental, des späteren Uruguay, aus. Von einem planmäßig beschrittenen Weg konnte aber keine Rede sein. Letztlich begünstigte die Schwäche Spaniens, das keine Truppen nach dem La Plata entsenden konnte, die Konsolidierung. Allerdings taten sich erneut Abgründe des Provinzialismus auf, der in separatistische Bestrebungen mündete und eine stabile Staatsbildung vor allem im Kerngebiet des späteren Staates Argentinien noch auf Jahrzehnte hinaus verhinderte.

Den Norden Südamerikas mit Neu-Granada und Venezuela traf die ganze Wucht der spanischen Reaktion. Das Expeditionskorps unter General Pablo Morillo hatte bis Ende 1816 große Gebiete zurückerobert. Morillos Strafregime förderte jedoch den Widerstandsgeist. Vor diesem Hintergrund kehrte Bolívar von Haiti aus, wo er 1815 Exil gefunden hatte, 1816 nach Venezuela zurück. Trotz vieler Rückschläge und Probleme mit rivalisierenden Caudillos etablierte er bereits 1817 die Dritte Republik in der Provinzstadt Angostura. Um seine Truppen zu verstärken, erklärte er die Befreiung der Sklaven, die bereit waren, ihm in den Krieg zu folgen. Durch ein Bündnis mit dem Caudillo José Antonio Páez konnte Bolívar seine Position absichern. Im Februar 1819 erläuterte er einem eigens nach Angostura einberufenen Kongress seine Verfassungsvorstellungen für den neuen Staat Großkolumbien, der aus Venezuela, Neu-Granada und Quito bestehen sollte. Der erfolgreiche Feldzug nach Neu-Granada, der in der Schlacht von Boyacá (7.8.1819) gipfelte, brachte den Durchbruch.

Trotz des militärischen Erfolgs blieb die Bedrohung durch die Spanier bestehen, die nach wie vor Cartagena und Caracas sowie die Hochburgen in den alten Vizekönigreichen Neu-Spanien und Peru hielten. Mit Verstärkung aus dem Mutterland, die sich Ende 1819 in Cádiz sammelte, hoffte General Morillo, das Blatt noch einmal wenden zu können. Doch gerade in diesem gefährlichen Moment gab ein liberaler Offiziersaufstand in Spanien den Entwicklungen eine entscheidende Wendung. Eine neue Regierungsjunta ließ die Verfassung wieder einsetzen, die Kämpfe gegen die Unabhängigkeitsbewegung vorübergehend einstellen und Wahlen anberaumen. Regionen, die wie der La-Plata-Raum, Chile und Großkolumbien die Unabhängigkeit bereits vollzogen hatten, zeigten keine Bereitschaft, sich an den Wahlen zu beteiligen. Außerdem taten sich in der «amerikanischen Frage» schnell wieder die alten Abgründe zwischen den Abgeordneten aus Amerika und den Europaspaniern auf. Während Spanien seit 1821 im innenpolitischen Chaos versank, kehrten viele amerikanische Delegierte vorzeitig in ihre amerikanischen Heimatregionen zurück und waren nun bereit, den Schritt in die Unabhängigkeit zu wagen.

Gerade in Neu-Spanien, seit der Niederschlagung der Sozialrevolution 1815 eine der Hochburgen der Royalisten in Amerika, sollte sich eine neue Revolutionsdynamik entwickeln. Die Erfahrungen der ersten Phase lehrten alle Beteiligten, vorsichtig vorzugehen. Daher setzte sich der Offizier Agustín de Iturbide 1821 mit seinem Kompromissprogramm durch, das als «Plan von Iguala» bekannt wurde. Der Plan sah zwar die Unabhängigkeit Neu-Spaniens, aber auch den Erhalt der katholischen Religion als Staatsreligion, den Ausgleich zwischen Kreolen und Europaspaniern sowie eine konstitutionelle Monarchie vor. Der Kompromiss unterschiedlichster Interessengruppen – von kreolischen Liberalen bis hin zu monarchistischen Europaspaniern – war in Amerika einmalig. Da Ferdinand VII. die ihm angetragene Krone ablehnte, ließ sich Iturbide im Mai 1822 zum Kaiser einer Erbmonarchie ausrufen. Doch wurde er schon im Folgejahr gestürzt, und an die Stelle des Kaisertums trat 1824 eine republikanische Verfassung.

Mit der spanischen Revolution von 1820 kam auch in Zentralamerika erneut Bewegung in die politische Landschaft. Die politische Mobilisierung führte dazu, dass sich bald zwei Lager gegenüberstanden: die Unabhängigkeit befürwortende Liberale und für Reformen innerhalb des Kolonialsystems plädierende Konservative. Dazu kamen lokale Rivalitäten. Letztlich gaben die Ereignisse in Neu-Spanien den Ausschlag. Iturbide setzte den Anschluss an Mexiko Anfang 1822 militärisch durch. Nach seiner Abdankung löste sich der Bund jedoch wieder auf, und die Vereinigten Provinzen von Zentralamerika formten eine Föderation aus fünf mehr oder weniger unabhängigen Staaten.

Die Entscheidung für die Unabhängigkeit war 1821 im Norden wie lange zuvor bereits im Süden des ehemaligen Kolonialreichs endgültig gefallen. Was übrig blieb von der alten kolonialen Herrlichkeit, war neben der «immer treuen Insel» Kuba, wo eine sklavenhaltende und vom Zuckerboom profitierende kreolische Oberschicht sich mit der spanischen Herrschaft arrangiert hatte, der noch immer schwer umkämpfte Andenraum. Die Unabhängigkeit sollte von außen durch einen zangenartigen Angriff der beiden Befreier Bolívar vom Norden und San Martín vom Süden her erzwungen werden. Der Venezolaner war der Erfolgreichere der beiden, sodass das Treffen in Guayaquil im Juli 1822 mit dem freiwilligen Rückzug San Martíns ins europäische Exil endete.

Erst mit dem Jahr 1826 war die militärische Befreiung des Andenraums abgeschlossen. Die Einwohner Quitos, Perus und Hochperus begrüßten ihre Befreier mit gemischten Gefühlen. In Quito lehnten viele schon den Einmarsch an sich ab. Auch in Peru und Hochperu sahen insbesondere die kreolischen Führungsschichten die Befreier schnell als Usurpatoren. Aus Furcht vor einer Sozialrevolution hatten die Kreolen Perus 1821 einen *protector* ins Land gerufen. Später hatten sie je nach der militärischen Lage zwischen den Fronten laviert. In Hochperu, das zu Ehren des «Befreiers» den Namen Bolivien annahm, war es die Hoffnung, auf der Seite des Siegers zu stehen, die 1825 die Bevölkerung auf die Seite der Unabhängigkeit überlaufen ließ. Gute Voraussetzungen für den Aufbau unabhängiger Republiken waren das nicht.

In der Tat kam es nach dem Ende der spanischen Bedrohung zu Auflösungserscheinungen. Bolívar strebte eine große Andenkonföderation an, doch provozierten die finanziellen Belastungen durch den Unterhalt der Befreiungsarmee fremdenfeindliche Ausschreitungen in Peru und Bolivien. 1828 verließ Bolívars Vertrauter, General Antonio José de Sucre, frustriert Bolivien, nachdem der «Befreier» selbst bereits 1826 nach Großkolumbien zurückgeeilt war, um dem dortigen Auflösungsprozess entgegenzuwirken. Jedoch misslang sein Versuch, mittels einer Diktatur die Lage zu stabilisieren, ebenso wie ein 1826 nach Panama zusammenberufener Kongress, der eine panamerikanische Integration anbahnen sollte. 1830 trennten sich Venezuela und Ecuador von Großkolumbien. Der Reststaat nahm wieder den Namen Neu-Granada an. Die Ereignisse zeigten, dass mit dem Ende der Bedrohung von außen die Klammer entfallen war, die die unterschiedlichen Regionen phasenweise zusammengeschweißt hatte. Ungebremst konnten nun wieder die alten Antagonismen zutage treten. Unter dem Eindruck der revolutionären Geschehnisse nahmen sie eine neue Dimension an und mündeten in Nationsbildungskriege.

Im portugiesischen Kolonialreich sah der Weg, der in die Unabhängigkeit führte, anders aus. Auf der Flucht vor den französischen Besatzungstruppen wurde an der Jahreswende 1807/08 der Herrscherhof von Lissabon nach Rio de Janeiro verlegt. Dieser Umzug brachte der Stadt eine wirtschaftliche und kulturelle Blüte, schuf jedoch durch die privilegierte Stellung der zahlreichen Europaportugiesen auch Unzufriedenheit unter der Pflanzeraristokratie. Daran änderte auch die großzügige portugiesische Geste nach dem Wiener Kongress nichts, mit der Brasilien 1815 feierlich zum gleichberechtigten Bestandteil innerhalb eines Gesamtkönigreichs erhoben wurde. 1817 kam es zu einem Aufstand in der Provinz Pernambuco, wo man sich durch die Bevorzugung Rio de Janeiros zurückgesetzt fühlte. Obwohl es sogar zur Verkündung einer Verfassung kam, blieb die Bewegung innerlich zerstritten. Versuche, die Nachbarprovinzen zum Anschluss zu bewegen, liefen ins Leere, sodass die königlichen Truppen die Situation bereits nach wenigen Monaten wieder unter Kontrolle hatten.

Die Konflikte spitzten sich unter neuen Vorzeichen zu, als die *cortes* in Portugal im Gefolge des liberalen Aufstands 1820/21 die Rückkehr des Königs João VI. erzwangen und die Wiederherstellung des alten Kolonialstatus durchsetzen wollten. Daraufhin erklärte sich Brasilien, das bei der Verteilung der Sitze ebenso benachteiligt wurde wie zuvor die spanischen Kolonien, 1822 für unabhängig. Kronprinz Pedro, der die Statthalterschaft in Brasilien übernommen hatte, wurde Kaiser einer konstitutionellen Monarchie. Der vergleichsweise unblutige Übergang war in Brasilien möglich, weil die Integrationskraft der Krone hier erhalten blieb. Im Gegensatz zu den ehemaligen spanischen Kolonien bestand die Einheit des Landes trotz einiger Aufstände in den Provinzen letztlich fort, weil die Monarchie integrierend wirkte und weil die sklavenhaltenden Eliten die Erschütterung der sozialen Ordnung fürchteten.

In den neuen amerikanischen Republiken und Monarchien waren die politischen Zukunftsvorstellungen bereits während der Kriegsphase umstritten. Trotz der Betonung von Werten wie Freiheit und Gleichheit in der nationalen Symbolik waren die Unabhängigkeitsrevolutionen keine demokratischen Bewegungen, denn die amerikanischen Eliten wollten die Gleichberechtigung mit den Europäern nur für sich selbst und nicht für

V. Revolutionäre Wege in die Unabhängigkeit, 1760–1830

die Bevölkerungsmehrheit. Das neue System diente zunächst nur der Selbstlegitimierung der herrschenden Oberschichten. Sie starteten allerdings unter ungünstigen Vorzeichen, denn den jungen lateinamerikanischen Staaten haftete wegen der fehlenden Anerkennung durch die europäischen Großmächte lange der Makel der Illegitimität an. Die langen Kriege und die daraus resultierende Auslandsverschuldung schufen die Grundlagen für neue Abhängigkeiten, die die weitere Entwicklung Lateinamerikas nachhaltig beeinträchtigen sollten.

VI. Staatenbildung und Weltmarktintegration, 1830–1910

Die politischen Projekte, die die Unabhängigkeitsbewegungen verfolgt hatten, waren angesichts der internationalen Lage und der wirtschaftlichen Folgen der langen Kriege im 19. Jahrhundert nicht vollständig realisierbar. Man kann die Phase von der Unabhängigkeit bis in die frühen Jahre des 20. Jahrhunderts, als mit den Jahrhundertfeiern der nationalen Unabhängigkeit und dem Ersten Weltkrieg erneut ein Umbruch in der Geschichte Lateinamerikas zu verzeichnen war, als zusammenhängenden Zeitabschnitt interpretieren. Die frühe Geschichtsschreibung zu Lateinamerika beurteilte insbesondere die erste Hälfte des 19. Jahrhunderts häufig einseitig negativ als Epoche der politischen Instabilität und des wirtschaftlichen Niedergangs. Erst die Konsolidierung und die Öffnung zum Weltmarkt und zu Europa hätten dann in der zweiten Jahrhunderthälfte zu einer Modernisierung geführt. Die jüngere Historiografie hat ein differenzierteres Urteil vorgeschlagen, das sowohl die Misserfolge der Anfangsphase als auch die Modernisierungseuphorie des ausgehenden Jahrhunderts kritisch reflektiert.

Die strukturellen Probleme der Unabhängigkeitsrevolutionen überschatteten den Beginn der Staatenbildung in Lateinamerika. Von Ausnahmen wie Paraguay abgesehen, entstanden bis zur Mitte des 19. Jahrhunderts allerorten Verfassungen. Haiti machte 1801 den Anfang, ab 1811 folgten die hispanoamerikanischen Staaten und 1824 Brasilien. Sie wurden von Eliten ausgearbeitet, die über wenig Regierungserfahrung verfügten und sich daher eng an ausländische Vorbilder wie etwa die US-amerikanische oder die spanische Verfassung anlehnten.

Das Ziel der Verfassungsväter war eine Balance zwischen Freiheits- und Ordnungsidealen. Wichtig waren die Grundideen von Freiheit, Gleichheit und Selbstbestimmung, die die lateinamerikanischen Eliten frühzeitig rezipiert hatten. Die Prinzipien der Volkssouveränität, der politischen Repräsentation und der Gewaltenteilung bildeten die Ausgangsbasis. Auch Menschen- und Bürgerrechte waren eine wichtige Richtschnur. Der mit natürlichen Rechten ausgestattete Mensch stand im Mittelpunkt der Grundgesetze. Allerdings gab es auch Restriktionen, die z. B. das Recht auf freie Meinungsäußerung oder die Religionsfreiheit einschränkten. In einem Großteil der Staaten war bis zum Ende des 19. Jahrhunderts der Katholizismus Staatsreligion, die öffentliche Ausübung anderer Bekenntnisse blieb häufig verboten.

Die Frage der Staatsform blieb lange umstritten. Wenngleich sich vielerorts die Republik durchsetzte, so hielten sich doch auch Monarchien. In Brasilien, dem größten Land Lateinamerikas, blieb diese Staatsform in ihrer konstitutionellen Variante bis 1889 erhalten. In Haiti und in Mexiko experimentierte man damit, allerdings erfolglos. Der Trend zur Republik im ehemaligen spanischen Kolonialreich war nicht unbedingt ein Ausdruck demokratischer Gesinnung, denn häufig etablierten sich lang andauernde autoritäre Präsidialregimes etwa im Paraguay des José Gaspar de Francia (1814–1840), im Guatemala des Rafael Carrera (1839–1865) oder im Mexiko des Porfirio Díaz (1876–1911). Vielmehr diente die Wahl der republikanischen Staatsform der Selbstlegitimierung der kreolischen Eliten, die damit die Abkehr von der spanischen Krone verdeutlichten. Dennoch war Lateinamerika um 1830 neben den USA die erste Weltregion, in der sich das Prinzip der Volkssouveränität großflächig durchsetzte.

Mit den Verfassungen formierten sich neue politische Praktiken. So waren die Partizipationsmöglichkeiten in einigen Ländern zumindest theoretisch zunächst sehr umfassend, auch wenn sie später wieder eingeschränkt oder durch Patronage und Klientelismus verwässert wurden. Die Wahlen entsprachen zwar nicht heutigen Vorstellungen, blieben aber wichtige Bezugspunkte. Selbst auf gewaltsame Weise an die Macht gekommene Caudillos ließen sich oft nachträglich durch das «Volk» legitimieren. Die Wahltermine trugen auch zur Konstituierung von Öffentlichkeiten bei, die als Quelle der Legitimität immer wichtiger wurden. Es entstand eine lebhafte öffentliche Sphäre mit Vereinen und auch politisch engagierten Clubs, den Vorläufern der Parteien. Allerdings blieben diese ethnisch exklusiv und schlossen beispielsweise die Indigenen aus, da sie als irrational und unreif galten.

Das größte politische Problem war zweifellos die Umsetzung des Geists der Verfassungen in die Praxis. Die Eliten bedienten sich immer wieder der Verfassungsgesetzgebung, um Bestimmungen durchzusetzen, die ihnen Vorteile brachten und die sozialen Hierarchien aufrechterhielten. Zwischen den Gleichheitsidealen und der Verfassungswirklichkeit klaffte eine große Lücke. Sie lässt sich etwa daran ablesen, dass das Wahlrecht häufig vom Besitz und von der Lese- und Schreibfähigkeit abhängig gemacht wurde. Auch die fehlende Einhaltung der Grundrechte und der Gewaltenteilung durch Notstandsgesetze der Exekutive erschütterte den Respekt vor den Verfassungen. Erst gegen Ende des Jahrhunderts wurden die Sonderrechte der Exekutive zugunsten der Legislative abgemildert. Die gesetzgebende Gewalt war in Lateinamerika bis zu diesem Zeitpunkt in vielen Fällen in einer schwachen Position. Stabile Institutionen konnten vor diesem Hintergrund nicht entstehen.

Dies zeigte sich an der Kurzlebigkeit der Verfassungen. Insgesamt traten im 19. Jahrhundert 115 Verfassungen in den 18 Staaten in Kraft, wobei die Bandbreite zwischen einer (Uruguay) und 15 (Dominikanische Republik) groß war. Zudem wurden in vielen Staaten die Verfassungen aufgrund von Diktaturen und Bürgerkriegen immer wieder ausgesetzt. Dass man es aber für notwendig erachtete, neue Verfassungen auszuarbeiten, zeigt, dass deren grundlegende Bedeutung als Anker der institutionellen Ordnung nicht infrage stand. Die republikanische Rhetorik sollte beibehalten werden, denn sie gewährte einen Mantel der Legitimität.

Das frühe Scheitern vieler Verfassungen war auch darauf zurückzuführen, dass zahlreiche Grundprobleme mit dem Ende der Unabhängigkeitskriege nicht gelöst waren. Im Mittelpunkt stand der Streit zwischen Zentralisten und Föderalisten, der oft mit dem wirtschaftlichen Eigeninteresse einer Region oder Stadt zusammenhing. Besonders problematisch war der Konflikt etwa in Zentralamerika und im La-Plata-Raum, aber auch in Großkolumbien. Oft vermischte sich der Streit mit den Konflikten zwischen Konservativen und Liberalen. Dabei schlugen politische Auseinandersetzungen schnell in militärische um. Folge war eine extreme politische Instabilität, die sich an einer hohen Zahl von Regierungswechseln in den meisten Staaten der Region ablesen ließ, wobei Mexiko mit seinen 16 Präsidenten und 33 Übergangsregierungen in den Jahren zwischen 1824 und 1857 sowie Peru mit durchschnittlich einem Regierungswechsel pro Jahr zwischen 1821 und 1845 nur die Spitze des Eisbergs darstellten. Bis zum Ende des 19. Jahrhunderts hatte sich der Zentralismus aber fast überall durchgesetzt.

Ein Grund für die Kurzlebigkeit vieler Verfassungen und Regierungen war zweifellos die schwierige Aufgabe, die Treue zum König durch die Loyalität zu einem abstrakten Staatswesen zu ersetzen. Dieses Unterfangen scheiterte in vielen Fällen, und das Ergebnis war ein Hang zu autoritären Regimen, welche keine Anstalten machten, die bestehenden Antagonismen regionaler und sozialer Art abzubauen, sondern im Gegenteil davon profitierten. Die neuen starken Männer, die Caudillos, nutzten den Zusammenbruch der kolonialen Ordnung während der Unabhängigkeitskriege, um ihre Machtansprüche durchzusetzen. Durch die Schwächung der Zentren ging die Fähigkeit zur Konfliktregulierung verloren, was sich insgesamt gewaltfördernd auswirkte. Regionalismen kamen den Warlords entgegen, die, wenn sie einmal an der Macht waren, einseitig die Interessen der eigenen Gefolgschaft und Region verfolgten.

In allen lateinamerikanischen Ländern betraten in dieser Phase Caudillos die politische Bühne. Oft erreichten sie sogar die Herrschaft im Staat wie etwa Juan Manuel Rosas am La Plata (1829–1852) oder Páez in Venezuela (1831–1843). Dort angekommen, gaben ihnen die Verfassungen alle Möglichkeiten, ihre Macht auszubauen. Oft handelte es sich um große Landbesitzer oder Viehzüchter mit einem gewissen Charisma. Zu Recht hat man in diesem Zusammenhang auch von einem Trend zur Ruralisierung der Macht gesprochen. Die städtischen Eliten verloren an Einfluss, da sie nicht über dieselben militärischen Machtmittel verfügten und nicht in gleichem Maß in das Kriegsgeschehen eingreifen konnten wie die Anführer vom Land mit ihren berittenen Gefolgsleuten.

Das Militär gewann als nach den Unabhängigkeitskriegen oftmals einzige noch intakte Institution zentrale Bedeutung. Die Verfassungsväter mussten ihm eine prominente Rolle einräumen. Expressis verbis wurde den Bewaffneten in vielen Fällen die Aufrechterhaltung von innerer Ruhe und Ordnung, ja teils sogar die Überwachung der Wahlen als Aufgaben übertragen. Diese Bestimmungen lieferten den Militärs immer wieder geeignete Vorwände, um in die Politik einzugreifen.

Die Folge war eine Militarisierung des öffentlichen Lebens, die sich in Kämpfen um Grenzen, um politische Grundsätze, um die Wirtschaftspolitik und um die Vorherrschaft von Stadt oder Land niederschlug. Diese Bürgerkriege wurden häufig mit erbarmungsloser Härte geführt. Die Gewalt der Revolution, die sich zuvor gegen den äußeren Feind gerichtet hatte, richtete sich nun nach innen. Das aggressive Auftreten der Befreiungsarmeen wirkte lange nach. Das galt auch für die unterschiedlichen Guerillagruppen. Insbesondere im Andenraum, wo das Misstrauen der Indigenen gegenüber der Herrschaft der Weißen gleich unter welcher Regierung groß blieb, überdauerte die Guerilla das offizielle Kriegsende. Sie stellte einen weiteren destabilisierenden Faktor dar, bei dem die Übergänge zum Banditentum fließend waren.

Die staatliche Ordnung war besonders dort kaum erkennbar, wo bereits die Kolonialreiche an Grenzen gestoßen waren. In diesen Grenzregionen war die neue republikanische Rhetorik nicht nachvollziehbar angesichts einer Realität, die sich durch den Zusammenbruch von Institutionen wie z. B. der Missionen auszeichnete. Aufgrund der Schwäche der neuen Staaten, denen es nicht gelang, die neue Rechtsordnung durchzusetzen, konnte es wie im Fall des nordmexikanischen Bundesstaats Sonora so weit kommen, dass sich die dort lebenden Kreolen ans Ausland wandten, um Sicherheit herzustellen. Die fehlende Durchsetzungsfähigkeit führte zur Delegitimierung des Staates. Erst in der zweiten Jahrhunderthälfte brachen nunmehr konsolidierte Nationalstaaten wie Chile (1861–1883) und Argentinien (1879/80) den indigenen Widerstand an den Grenzen mit brutalen Vernichtungsfeldzügen.

Derweil hatten sich die staatlichen Auflösungserscheinungen fortgesetzt, die 1830/31 mit dem Zerfall Groß-Kolumbiens begonnen hatten. 1836 erklärte Texas seine Unabhängigkeit von Mexiko. Die Vereinigten Provinzen von Zentralamerika zerfielen ab 1839 in die eigenständigen Republiken Guatemala, El Salvador, Costa Rica, Honduras und Nicaragua. In Nicaragua war der Staatszerfall so ausgeprägt, dass 1856/57 der US-amerikanische Abenteurer William Walker vorübergehend die Macht an sich reißen konnte. In den 1830er-Jahren gefährdeten mehrere regionale Aufstände die territoriale Einheit Brasiliens. Die durch die haitianische Invasion erzwungene Verbindung Haitis mit der Dominikanischen Republik wurde 1844 wieder aufgelöst. Im Süden gingen aus dem ehemaligen Vizekönigreich Río de la Plata Bolivien, Paraguay und Uruguay als selbstständige Staaten hervor. Die restlichen Provinzen versanken im Bürgerkrieg, der auf den tiefen Gegensatz zwischen dem Hinterland und der Hafenstadt Buenos Aires zurückzuführen war. Erst 1862 entstand unter General Bartolomé Mitre das wiedervereinigte Argentinien.

Darüber hinaus bestanden zwischen den neuen Staaten im 19. Jahrhundert unzählige Grenzkonflikte, da die zumeist durch das unerschlossene Hinterland verlaufenden Grenzen umstritten waren. Das war auf die Ungenauigkeit der kolonialzeitlichen Provinzgrenzverläufe zurückzuführen, die, dem Rechtsgrundsatz *uti possidetis* entsprechend, nach der Unabhängigkeit zu Staatsgrenzen wurden. Die Folge waren Kriege, denen neben den Territorialansprüchen nationalistische Geltungssucht zugrunde lag. Beim Tripelallianz-Krieg Paraguays gegen das Bündnis aus Brasilien, Argentinien und Uruguay (1865–1870) handelte es sich um den blutigsten lateinamerikanischen Konflikt des 19. Jahrhunderts mit katastrophalen Folgen vor allem für Paraguay. Für Mexiko bildeten die Auseinandersetzungen mit den expandierenden USA eine existenzielle Bedrohung. Sie gipfelten im Krieg von 1846 bis 1848, in dem Mexiko rund 55% seines Staatsgebiets verlor. Im Pazifikkrieg Chiles gegen die verbündeten Armeen Perus und Boliviens (1879–1883) ging es dagegen um den Besitz wichtiger Rohstoffvorkommen, in diesem Fall Salpeter.

Konflikte ergaben sich auch in den Beziehungen zum Ausland. Während der Unabhängigkeitskriege war es nur in Haiti zu direkten Eingriffen dritter Mächte gekommen. In Hispanoamerika und Brasilien handelte es sich um Auseinandersetzungen zwischen Kolonien und Mutterland. Allerdings waren die Beziehungen zu England wegen der Seehoheit und der Handelsmacht der Briten von zentraler Bedeutung. Für Haiti und Hispanoamerika blieb das Problem der völkerrechtlichen Anerkennung wegen der unnachgiebigen Haltung Frankreichs und Spaniens noch lange bestehen. Haiti musste sich diese 1825 teuer erkaufen. Spanien erkannte seine ehemaligen Kolonien erst ab 1836 nach und nach an. Im Fall Brasiliens erfolgte die Anerkennung schneller, verursachte aber ebenfalls hohe Kosten.

Die offizielle Aufnahme in die Völkergemeinschaft war wichtig, jedoch war die internationale Lage Lateinamerikas weiterhin problematisch. Spanien, Frankreich und England blieben mit ihren kolonialen Besitzungen in der Region präsent. In Hispanoamerika blieb die begründete Furcht vor spanischen Aktivitäten noch einige Jahrzehnte bestehen. Akuter waren die direkten Eingriffe anderer europäischer Mächte, die oft aufgrund ausstehender Schuldenzahlungen erfolgten. In anderen Fällen ging es um strategische Interessen wie etwa die Sicherung der Handelsfreiheit am Río de la Plata. Ein besonderes Motiv war die Durchsetzung des Sklavenhandelsverbots in Brasilien. In allen Fällen spielten die Souveränitätsrechte der lateinamerikanischen Staaten aus der Sicht der Europäer kaum eine Rolle.

Die Probleme der Staatenbildung waren nicht zuletzt auf die Skepsis einem politischen System gegenüber zurückzuführen, das nicht eindeutig klärte, wer der neue Souverän war. Die «Nation» beziehungsweise das «Volk» blieben vage Begriffe, welche die neuen Eliten je nach Interessenlage breiter oder enger definierten, da sie nicht das Risiko sozialer Umwälzungen eingehen wollten. Die Sprache war oft die der universellen Werte, die Praxis blieb sozial diskriminierend. In den ethnisch heterogenen Gesellschaften Lateinamerikas, in denen die nichtweißen Bevölkerungsgruppen die klare Mehrheit stellten, war die Kluft zwischen Freiheits- und Gleichheitsrhetorik und sozialer Realität besonders groß.

Nach dem Willen der Verfassungsväter sollte die ethnische Dimension zumindest in der Theorie keine gesellschaftliche Rolle mehr spielen. Man ging von einer Nation von Staatsbürgern, von *ciudadanos,* aus, die vor dem Gesetz gleich waren. Daher schaffte man auch vielerorts den Begriff *indio* mit seinem pejorativen Unterton ab und ersetzte ihn durch die Bezeichnung «Indigener». Doch nach Kriegsende forderten viele bis dahin marginalisierte Bevölkerungsschichten die Versprechen der Revolution von Freiheit, Gleichheit und Selbstbestimmung ein. Aus Sicht der Oberschichten stellte dies eine Bedrohung dar. Daher zogen die neuen Staaten die internen ethnisch-sozialen Grenzen durch Wahlrechtseinschränkungen sowie durch sozial- und wirtschaftspolitische Maßnahmen schnell neu, noch bevor die territorialen Grenzen feststanden. Die in den Verfassungen garantierten Grundrechte blieben den befreiten Sklaven und den Unterschichten meist vorenthalten.

Dementsprechend waren die sozialen Entwicklungen in den unabhängigen Staaten ambivalent. Obwohl es in der Frühphase durchaus Reformimpulse gegeben hatte, wurden diese in den

1830er- und 1840er-Jahren wieder zurückgestellt. Aufgrund des britischen Drucks schaffte man den Sklavenhandel mit Ausnahme Boliviens (1840) und Paraguays (1842) noch in den 1820er-Jahren ab. Die Durchsetzung des Verbots ließ jedoch noch lange auf sich warten. In Brasilien dauerte der Handel im Geheimen weiter an. Die Institution an sich war noch langlebiger. Zwar wurde die Sklaverei in einigen Ländern Hispanoamerikas, in denen der Sklavenanteil wie in Chile (1823), Zentralamerika (1824) und Mexiko (1829) kaum eine Rolle spielte, noch in den 1820er-Jahren abgeschafft. In der Regel erließ man jedoch Gesetze der freien Geburt oder verschob die Freiheit bis zur Volljährigkeit. Dadurch zögerte sich das Ende der Sklaverei hinaus. Paraguay stand 1869 am Ende dieser Entwicklung, wenige Jahre später folgten die spanischen Kolonien Puerto Rico (1873) und Kuba (1886). 1888 zog Brasilien als letztes amerikanisches Land nach.

Die Rolle der freien Bevölkerung mit afroamerikanischen oder gemischten Wurzeln änderte sich in diesem Zeitraum schrittweise. In Haiti übernahmen *gens de couleur* phasenweise selbst die Macht, doch das blieb die Ausnahme. In anderen lateinamerikanischen Staaten wurde die rechtliche Diskriminierung der Mischlingsbevölkerung zumindest theoretisch aufgegeben. Kanäle sozialer Mobilität öffneten sich vor allem durch den Dienst im Militär, obwohl die ethnisch motivierten Vorurteile in der Praxis stark blieben und weiterhin effektive Barrieren für den Aufstieg darstellten.

Für die indigene Bevölkerung Hispanoamerikas sollte die rechtliche Gleichstellung die Eingliederung in Marktwirtschaft und Staatsbürgergesellschaft ermöglichen. Die liberalen Vorstellungen vom Privatbesitz und vom Ende korporativer Privilegien bedingten die Auflösung indigenen Gemeinschaftsbesitzes. Die kreolischen Führungsschichten waren besonders stolz auf diesen Modernisierungserfolg. Die Indigenen sahen die Entwicklungen jedoch mit gemischten Gefühlen, denn der Tribut hatte einerseits eine Belastung dargestellt, ihnen andererseits aber auch eine besondere Rolle mit einem gewissen Maß an Schutz garantiert. In der Tat brachte der Verlust dieser Sonderstellung in den frühen Republiken mancherorts soziale Verwerfungen mit sich. So kam es etwa zu Migrationsströmen, die zwar einzelnen Beteiligten neue Chancen bieten konnten, aber auch alte Gemeinschaften zerstörten.

Die neuen liberalen Gesetze fanden jedoch noch längst nicht überall Anwendung. In Teilen Mexikos, in Zentralamerika, im Andenraum und überall dort, wo sich die Eingliederung in die Exportwirtschaft noch hinauszögerte, blieben die alten Strukturen erhalten, lebten indigene Gemeinschaften ihre traditionelle Lebensweise de facto noch lange nach dem Ende der Unabhängigkeitsrevolutionen weiter. Im Andenraum etwa wurde selbst der Indigenentribut beibehalten, da die begüterten Kreise ablehnten, Steuern zu zahlen. Das bedeutete, dass hier die Abschaffung indigener Privilegien – nämlich des Gemeinschaftsbesitzes – mit dem Fortbestehen der traditionellen Belastungen einherging. Die Lage sollte sich mit dem Eintritt in die Weltwirtschaft noch erschweren, weil die Indigenen dadurch noch stärker dem Wettbewerb ausgesetzt waren und die Zugriffe auf ihr Land zunahmen. Die Arbeitsbeziehungen änderten sich ohnehin kaum, denn an die Stelle der kolonialen Arbeitszwänge traten Schuldknechtschaft und neue Formen der Zwangsarbeit, die mit Gesetzen gegen das Vagabundentum legitimiert wurden.

Die nichtprivilegierten Bevölkerungsschichten waren jedoch keineswegs nur passive Objekte der Staatenbildungsprozesse, sondern schufen sich Freiräume, in denen sie ihre Lebensstile und informellen Institutionen pflegten. Wenn diese bedroht waren, wehrten sie sich teils durchaus erfolgreich und phasenweise in großem Stil. Aufstände von Landarbeitern und Indigenen, aber auch von Sklaven durchzogen das ganze 19. Jahrhundert. Hinzu kam der Banditismus im Hinterland. Auch die zahlreichen millenaristischen Bewegungen waren Ausdruck von Widerstand. Jedoch kam es in diesem Zeitraum nicht zu großen sozialen Revolutionen.

An der sozialen Spitze der neuen Staaten standen mit Ausnahme Haitis die in Amerika geborenen Eliten mit europäischer Abstammung, die die Spitzenpositionen in Politik, Wirtschaft und Verwaltung innehatten. Insbesondere Landbesitz, dessen

Konzentration in diesem Zeitraum zunahm, stellte die Machtbasis neuer ländlicher Oberschichten dar. Sie waren bemüht, sozialen Wandel zu verhindern, ohne dabei die liberale Rhetorik aufgeben zu müssen. Deshalb suchten sie erfolgreich Arrangements, um alte soziale Privilegien im neuen Gewand zu erhalten. Allerdings sahen sie sich in den unabhängigen Republiken auch neuen Herausforderungen durch Konkurrenten wie ausländischen Händlern und aufstrebenden Mestizen gegenüber. Zudem setzte ein Prozess der sozialen Differenzierung ein, der insbesondere im letzten Drittel des 19. Jahrhunderts an Fahrt zunahm.

Die soziale Situation der frühen Republiken war aufs Engste mit problematischen wirtschaftlichen Entwicklungen verbunden. Der anfängliche Optimismus war unbegründet. Statt des erhofften Wachstums waren die makroökonomischen Indikatoren noch 1850 in vielen Ländern der Region schlechter als 1800, weil die Folgen der langen Kriege und die politische Instabilität das Wirtschaftsleben hemmten. Besonders deutlich war dies in Mexiko, das als einstige Perle im spanischen Kolonialreich nach der Unabhängigkeit im Chaos versank. Im Großen und Ganzen lässt sich für den Zeitraum von 1820 bis ca. 1870 ein negatives Fazit ziehen.

Dabei schien die Ausgangslage hervorragend, war doch der lang ersehnte Freihandel möglich. Grundlage der Außenwirtschaften wurden die Handelsverträge, die die jungen Staaten mit den europäischen Mächten und den Vereinigten Staaten auf der Basis der Meistbegünstigung abschlossen. In der Vertragswirklichkeit profitierten vor allem die Europäer. Den Lateinamerikanern entstanden hohe Kosten, denn die Bestimmungen schränkten die Möglichkeiten zur Förderung der nationalen Wirtschaft erheblich ein. So bildeten die Verträge einerseits die Grundlage der Anerkennung der Unabhängigkeit und schufen andererseits neue wirtschaftliche Abhängigkeiten. Für lateinamerikanische Produzenten, die wie beispielsweise die *obrajes* mit Importprodukten konkurrieren mussten, bedeutete der Freihandel in der Regel das Ende. Das Binnenland blieb allerdings zunächst vom Freihandel zumeist unberührt.

Die internationale wirtschaftliche Integration ging mit einer Verschuldung einher, deren Ausmaße die Regierungen anfangs nicht übersahen. Schon in den 1820er-Jahren erlebte Lateinamerika seine erste Schuldenkrise, weil man das in England geliehene Kapital zumeist unproduktiv investiert hatte, um die laufenden Kosten aufzubringen und die Altschulden zu decken. Die direkte Folge war die Zahlungseinstellung fast aller lateinamerikanischen Staaten. Daraufhin blieb der Zugang zu internationalen Krediten rund 25 Jahre lang schwierig. In Lateinamerika fehlte dadurch zu einem entscheidenden Zeitpunkt Investitionskapital, weshalb sich die Abhängigkeit von den Außenhandelszöllen vertiefte. Die jungen Staaten traten in die Unabhängigkeit mit einer enormen Last an Auslandsschulden.

Ab der Mitte des 19. Jahrhunderts übernahmen in den meisten lateinamerikanischen Staaten die am Fortschrittsgedanken orientierten Handels- und Bildungsbürger die Macht. Sie hatten die Fehlentwicklungen in den ersten Jahrzehnten der Unabhängigkeit erkannt und sahen, dass Wirtschaft und Gesellschaft trotz des oberflächlichen Wandels eher stagnierten. Ihr Ziel war es, die nationale Rückständigkeit durch die schrittweise Annäherung an europäische Vorbilder zu überwinden. Dazu strebten sie die Einbindung ihrer Länder in das Weltwirtschaftssystem auf Grundlage der Ausbeutung der zur Verfügung stehenden Ressourcen an.

Leitend waren die Grundprinzipien des Liberalismus: Leistung und Verantwortung des Einzelnen im Bereich der politischen Ethik – Freihandel und Laisser-faire sowie internationale Arbeitsteilung auf der Basis von Rohstoffexport und Fertigwarenimport im Bereich der Wirtschaft. Wirtschaftspolitisch maß man dem Staat die Rolle eines Garanten für eine funktionierende Exportwirtschaft bei. Wirtschaftspolitik war also vor allem Exportförderpolitik insbesondere durch Freihandelsregelungen, die Schaffung freien Zugangs zum Boden und zu den Bodenschätzen sowie die Freisetzung menschlicher Arbeitskraft. Dies war für die zahlreichen, nicht für den Export arbeitenden Wirtschaftszweige problematisch.

Optimistisch ging man davon aus, dass das Wachstum der

Exporte eine Steigerung der Produktivität und einen Strukturwandel zur modernen Marktwirtschaft mit sich bringen würde. Die Eliten im 19. Jahrhundert folgten einem Fortschrittsideal, das sich nicht zuletzt an den mit Anleihen aus Europa finanzierten neuen Kommunikationsmitteln wie der Eisenbahn ablesen ließ. Günstig für die wirtschaftliche Ausrichtung waren die Industrialisierung und das Bevölkerungswachstum in Europa in der zweiten Jahrhunderthälfte, was sich in einer wachsenden Nachfrage nach Lebensmitteln, Rohstoffen und tropischen Produkten wie Tabak, Kakao, Kaffee, Kautschuk und Zucker niederschlug. Der Ausbau der überseeischen Dampferverbindungen und die verkehrstechnische Erschließung des Hinterlands schufen die Voraussetzungen für eine erfolgreiche Exportorientierung. Durch die unzureichende Entwicklung des gewerblichen Sektors konnte die Nachfrage nach Fertigwaren nicht befriedigt werden. Was man in den einheimischen Manufakturen herstellte, ließ sich mit den europäischen Massenprodukten nicht vergleichen. Importe waren daher erforderlich, und um die Handelsbilanz wieder auszugleichen, schien die Steigerung der Exporte unabdingbar. Allerdings waren die wirtschaftlichen Entwicklungen keineswegs krisenfrei. Oft musste man weitreichende Privilegien an Ausländer vergeben, um an Geld zu kommen, wie etwa der sogenannte Grace-Vertrag der peruanischen Regierung von 1890 zeigt. Das liberale Fortschrittsparadigma wurde bereits gegen Ende des 19. Jahrhunderts infrage gestellt. Mit dem Ausbruch des Ersten Weltkriegs war dann ein Wendepunkt erreicht.

Die liberalen Fortschrittsenthusiasten, die in der zweiten Hälfte des 19. Jahrhunderts fast überall an die Macht kamen, wollten die koloniale Vergangenheit hinter sich lassen. Mit Reformen und neuen Verfassungen bekämpften sie den weltlichen Einfluss der Kirche, wie etwa in Mexiko unter Benito Juárez. Die Modernisierung des Bildungswesens, die beispielsweise der argentinische Präsident Domingo Faustino Sarmiento verfolgte, und der Ausbau der Infrastruktur waren zentrale Ziele der Reformer. Insbesondere um die Kirchenfrage entbrannten etwa in Kolumbien in diesem Zeitraum zahlreiche Bürgerkriege zwi-

VI. Staatenbildung und Weltmarktintegration, 1830–1910

schen Konservativen und Liberalen, die auch immer wieder die großen Konfliktlinien zwischen Land und Stadt, Tradition und Moderne, Exportorientierung und Großgrundbesitz zum Vorschein brachten. Ihren Höhepunkt fanden sie im kolumbianischen «Tausend-Tage-Krieg» von 1899 bis 1902.

Die Reformer wollten am liebsten die europäische «Zivilisation» in ihr «barbarisches» Umfeld verpflanzen. Dazu reichte die Intensivierung der wirtschaftlichen Beziehungen zu Europa nicht aus. Waren und Geld blieben zwar grundlegend für die Europäisierung der Lebenswelt, die Idealvorstellung ging aber weit darüber hinaus. Wie viele seiner Zeitgenossen propagierte der Argentinier Juan Bautista Alberdi die «Aufweißung» der Bevölkerung durch die massenhafte Ansiedlung europäischer Einwanderer. Dadurch sollten die großen, noch unerschlossenen Gebiete des Hinterlandes nutzbar gemacht werden.

Schon in der ersten Hälfte des 19. Jahrhunderts waren einwandererfreundliche Gesetze in den unabhängigen Staaten erlassen worden. In der zweiten Jahrhunderthälfte betrieben insbesondere die Regierungen Argentiniens, Brasiliens und Chiles phasenweise eine aktive Einwandererwerbung. Mit dem Aufstieg des europäischen Positivismus und Sozialdarwinismus gegen Ende des 19. Jahrhunderts erfuhr diese Politik eine weitere Begründung. Diesen Vorstellungen folgend, wollten die zuständigen Politiker vor allem Einwanderer aus Nordwesteuropa anlocken. Süd- und Osteuropäer waren demgegenüber aufgrund rassistischer Vorbehalte weniger willkommen. In der Tat kam es in der zweiten Jahrhunderthälfte zur Masseneinwanderung vor allem aus Europa und in deutlich kleineren Dimensionen auch aus Asien. Zwar blieb von den rund 50 Millionen Europäern, die zwischen 1830 und 1930 ihr Glück in Amerika suchten, nur ungefähr ein Fünftel im Süden des Doppelkontinents. Da sich diese aber auf wenige Länder wie Argentinien, Brasilien und mit Abstrichen Chile und Uruguay konzentrierten, war ihre Bedeutung dort erheblich.

Die Integration Lateinamerikas in den Weltmarkt war problembehaftet, denn die Masseneinwanderung schuf neue soziale Probleme. Auch in den Außenbeziehungen ergaben sich dadurch neue Reibeflächen. Oft konnten die im Vertrauen auf die Zukunft aufgenommenen Schulden nicht pünktlich zurückgezahlt werden. In den Bürgerkriegen wurden häufig Ausländer in Mitleidenschaft gezogen, die Entschädigungsansprüche geltend machten. Das führte zu Auseinandersetzungen mit den mächtigen Europäern, die die Grenzen des partnerschaftlichen Miteinanders immer wieder verdeutlichten.

Hinzu kam der einsetzende imperialistische Wettlauf um die Aufteilung der Erde. Zwar hatte Großbritannien insbesondere in wirtschaftlicher Hinsicht eine informelle Hegemonie erreicht, jedoch war der klassische Kolonialismus damit keineswegs am Ende. Spanien und Frankreich, selbst ernannter Hüter der «lateinischen Rasse», entwickelten ab 1860 imperialistische Bestrebungen, die über den Interventionismus der ersten Jahrhunderthälfte hinausgingen. Dabei profitierten die europäischen Invasoren vom vorübergehenden Ausfall der Vereinigten Staaten durch den US-amerikanischen Bürgerkrieg. Den Höhepunkt erreichte dieses Streben im mexikanischen Kaiserreich von Frankreichs Gnaden unter dem Habsburger Maximilian (1864–1867). Erst der Untergang des Kaisertums durch den Widerstand der Mexikaner sollte die Idee der Restauration einer europäischen Monarchie in Lateinamerika endgültig desavouieren.

Gegen Ende des 19. Jahrhunderts änderten sich die internationalen Rahmenbedingungen entscheidend. Das zeichnete sich schon ein Jahr nach der Erschießung Maximilians ab, als in Kuba ein Aufstand gegen die spanische Herrschaft ausbrach. Der Unabhängigkeitskrieg zog sich über mehrere Jahrzehnte hin. Die Vereinigten Staaten, die bereits seit der Erklärung Präsident James Monroes von 1823 eine Sonderrolle in den Amerikas für sich reklamierten, nutzten 1898 die Schwäche Spaniens zum militärischen Eingriff. Der Friedensvertrag von Paris beendete im Dezember 1898 auch offiziell die spanische Kolonialherrschaft in Amerika. Nun übten die Vereinigten Staaten die Kontrolle zumindest im nördlichen Lateinamerika aus. 1902/03 stellten die USA ihre Machtansprüche im Zusammenhang mit der Separation Panamas von Kolumbien erneut unter Beweis, als sie sich den Isthmus für den Bau eines interozeanischen Kanals sicherten. Der neue Panamerikanismus, der 1889/90 mit einer Konferenz in Washington eingeläutet wurde und eine aktive Außenwirtschaftspolitik der USA in Lateinamerika mit sich brachte, ergänzte diese Politik.

Bereits in der Kolonialzeit hatten sich bei den Oberschichten Identitäten herausgebildet, die zwischen der Orientierung an den Mutterländern und am amerikanischen Umfeld schwankten. In der Phase der Unabhängigkeitskriege ging die Separation mit einer geistigen Trennung von den Metropolen einher. Das galt insbesondere für Spanien, das zum Sinnbild für Rückschrittlichkeit und Tyrannei wurde. Demgegenüber stiegen die Zentren des aufgeklärten Europa, vor allem Frankreich und England, im gleichen Zeitraum zu neuen Fixpunkten auf.

Das 19. Jahrhundert war in kultureller Hinsicht geprägt von der Suche nach eigenen nationalen und lateinamerikanischen Identitäten und vom Versuch, die koloniale Erblast abzuschütteln. Bei dieser Suche nach dem Eigenen blieb Europa in vielerlei Hinsicht ein Bezugspunkt. So lebte etwa der führende lateinamerikanische Denker, der Venezolaner Andrés Bello, 18 Jahre in London, ehe er ab 1829 in Chile seine wegweisenden wissenschaftlichen und literarischen Arbeiten vorlegte. Der alte Kontinent übte in diesem Zeitraum eine enorme Anziehungskraft auf junge Lateinamerikaner aus den Oberschichten aus. Das galt insbesondere für die Fortschrittsidee, die auch eine kulturelle Dimension hatte. Man zog für lateinamerikanische Entwicklungsprobleme wie die fehlende nationale Integration und die Marginalisierung breiter Bevölkerungsschichten europäische Mittel in Betracht. Diejenigen, die nicht integrierbar schienen, mussten demnach ausgemerzt werden. So war etwa für die indigene Bevölkerung kein Platz in dieser Nationsvorstellung.

Angesichts dieser Haltung der zur Modernisierung drängenden Teile der lateinamerikanischen Eliten war es kein Wunder, dass europäische Einflüsse das Selbstverständnis beeinflussen konnten, bis hin zum Namen der Region. «Lateinamerika» war ein Begriff, der dem panlateinischen französischen Denken entstammte und in Amerika in den 1860er-Jahren dankbar aufgegriffen wurde. Diese Bezeichnung erlaubte es, sich sowohl vom spanischen Erbe als auch von den Vereinigten Staaten abzugrenzen. Mit der Verwendung des Begriffs «Lateinamerika» erhoben bekannte Denker wie der Chilene Francisco Bilbao oder der Kolumbianer José María Torres Caicedo den Anspruch auf kulturelle und politische Eigenständigkeit.

Die Orientierung an Europa hatte jedoch auch Grenzen. Vielerorts blieben traditionalistische und patriarchalische Vorstellungen erhalten. Der blinde Modernisierungseifer und die Nachäffung des europäischen Stils waren Gegenstand öffentlicher Kritik. Darüber hinaus erhoben sich selbst innerhalb der aufgeklärten Eliten Stimmen, die schon früh erkannten, dass die indigenen und anderen nichtprivilegierten Bevölkerungselemente integraler Bestandteil Lateinamerikas waren. Die Existenz dieser Bevölkerungsgruppen machte eine vollständige Europäisierung unmöglich. Die Auseinandersetzung mit der eigenen Wirklichkeit in Abkehr von der herrschenden Europäisierungsideologie gewann daher zunehmend an Bedeutung. Da sich die erhofften Entwicklungserfolge oft nicht oder nur schleppend einstellten, war eine solche Rückbesinnung nachvollziehbar. Dabei spielte die Verärgerung über die Dominanz der Europäer im eigenen Land eine wichtige Rolle. Vor dem Hintergrund des romantischen Historismus und des antispanischen Denkens erfuhr das indigene Erbe nun vielerorts eine Idealisierung. Es handelte sich um die Fortsetzung des aufklärerischen Diskurses vom «edlen Wilden».

In der Realität blieb die Masse der Bevölkerung aus Indigenen, Afroamerikanern und Mischlingen von den Projekten der Europäisierer ebenso ausgeschlossen wie von denen ihrer Kritiker. Das hieß aber nicht, dass diese Unterschichten vor allem auf dem Land, aber auch in den wachsenden Städten der Europäisierung nichts entgegenzusetzen gehabt hätten. Durch ihre Traditionsverbundenheit, ihr an der Gemeinschaft und weniger am Individuum orientiertes Wertesystem konnten sie dem Druck des Wandels durch die europäisierten Oberschichten der Städte zum Teil widerstehen.

Um die Wende vom 19. zum 20. Jahrhundert fächerte sich auch der Diskurs der Eliten weiter auf. So etablierte sich ab

1898 der Panhispanismus, da die unmittelbare Bedrohung durch die alte Kolonialmacht nach dem Verlust Kubas keine Rolle mehr spielte. Dabei waren die Bezugnahme auf eine kulturelle Verbundenheit mit dem alten Mutterland und der Gegensatz zum vermeintlichen Utilitarismus der Vereinigten Staaten von entscheidender Bedeutung. Durch die Betonung von traditionellen Werten war dieses Denken in Lateinamerika vor allem für konservative Kreise attraktiv. Allerdings verbanden sich damit auch rassistische Vorurteile gegen die ethnische Vielfalt Lateinamerikas. Sie gaben Anlass zu pessimistischen, selbstkritischen Prognosen über die Entwicklungsfähigkeit der eigenen Region.

Gleichzeitig wurde ein weiterer Bezugspunkt denkbar: die Entdeckung des eigenen Amerika und der Vielfalt seiner Ethnien als potenzielle Quelle der Kraft und des Selbstbewusstseins. Vordenker dieses Panamerikanismus genuin lateinamerikanischer Provenienz, der im Begriff «Unser Amerika» als Gegensatz zum Amerika des Nordens sein Schlagwort fand, war der kubanische Dichter und Freiheitskämpfer José Martí. Die Suche nach den Wurzeln des Eigenen in den autochthonen Kulturen und bei der Masse der Ausgegrenzten sowie die Forderung nach einer Einheitsfront zur Abwehr der nordamerikanischen Gefahr entwickelten sich zwischen 1898 und 1914 zu wichtigen innovativen Elementen in der lateinamerikanischen Geistesgeschichte.

Die Staatenbildung des 19. Jahrhunderts war problembelastet und mit der Erringung der Unabhängigkeit keineswegs abgeschlossen. In vielen Regionen prägte das Erbe der Kolonialzeit die Binnenstrukturen. In der Karibik dauerte die europäische Kolonialherrschaft teils noch an. Das Pendeln zwischen Caudillismus und Verfassungsstaat charakterisierte die Anfangsjahre der unabhängigen Staaten. Die Konflikte, die sich zwischen Konservativen und Liberalen vielerorts auftaten, blieben ebenso ungelöst wie die sozialen Probleme, die sich angesichts breiter marginalisierter und ethnisch heterogener Bevölkerungsteile ergaben. Dass die unabhängigen Staaten kaum von der Ausgrenzung und Unterdrückung der indigenen, mestizischen und afroamerikanischen Bevölkerung abrückten, stellte ein grundsätzliches Problem für die Entwicklung Lateinamerikas dar. In der Positionierung nach außen, in der Integration in den Weltmarkt und in der Auseinandersetzung mit dem europäischen und US-amerikanischen Imperialismus taten sich neue Abhängigkeiten auf. Das spiegelte sich auch in der Suche nach Identität wider, die sich vor allem durch den Vergleich mit scheinbar weiter entwickelten ausländischen Modellen auszeichnete.

VII. Nationalismus und globale Krisen, 1910–1945

Um 1810 hatte Lateinamerika mit den Unabhängigkeitsrevolutionen einen Einschnitt von epochalem Charakter erlebt. Eine vergleichbare, die gesamte Region erschütternde historische Zäsur war ein Jahrhundert später nicht zu verzeichnen. Bis zu diesem Zeitpunkt hatten sich 20 unabhängige Staaten etabliert, die trotz mancher Gemeinsamkeiten sehr unterschiedliche Entwicklungen durchlaufen hatten. Um 1910 verdichteten und beschleunigten sich jedoch die Veränderungen in vielen Dimensionen, beeinflusst vor allem vom Nationalismus und von den globalen Krisen jener Phase, sodass von einem neuen Zeitabschnitt der lateinamerikanischen Geschichte gesprochen werden kann. In jüngster Zeit wird der Zeitraum zwischen 1910 und 1945 vor allem aus einer kulturhistorischen Perspektive als wichtige und in sich zusammenhängende Umbruchphase erkannt. Sie wurde durch einen Modernisierungswandel geprägt, der zu einer zunehmenden Differenzierung innerhalb Lateinamerikas führte.

Der Beginn lässt sich an drei Ereignissen festmachen, die teils für ganz Lateinamerika von Bedeutung waren. Erstens begannen 1910 die Hundertjahrfeiern der Unabhängigkeit und brachten neben dem Jubel über das Erreichte auch erstmals nachhaltige öffentliche Kritik an den Versäumnissen insbesondere in sozialer Hinsicht. Zweitens führte der Erste Weltkrieg mit seinen wirtschaftlichen und sozialen Auswirkungen zu einer grundlegenden Neubewertung der bis zu diesem Zeitpunkt dominanten Ausrichtung auf Europa. Das Ende des klassischen liberalen Weltwirtschaftssystems löste Verwerfungen aus, und in vielen Ländern erfolgte eine Umorientierung auf die Vereinigten Staaten. Mit dem Kriegseintritt einiger Staaten an der Seite der Alliierten 1917 trat Lateinamerika zumindest theoretisch erstmals als eigenständiger Akteur der Weltpolitik in Erscheinung. Drittens war die Revolution in Mexiko, die 1910 begann, ein Ereignis mit Signalwirkung, das weit über die nationalen Grenzen ausstrahlte. Dadurch schienen revolutionäre Veränderungen in Lateinamerika möglich zu werden – ein Eindruck, der sich durch die Entwicklungen auf internationaler Ebene, insbesondere die Russische Revolution von 1917, noch verstärkte.

Die Weltwirtschaftskrise der 1930er-Jahre sollte vielen Ansätzen ein Ende setzen. In der Historiografie wird diese Krise oft als Epochenscheide angesetzt, weil sie die meisten lateinamerikanischen Staaten katastrophal erschütterte. Letztlich brachten aber der Zweite Weltkrieg und die neue Weltordnung, die damit entstand, eine entscheidende Neuausrichtung. Zwischen 1933 und 1945 hatte es den Anschein, als werde Lateinamerika als gleichberechtigter Partner im Kampf gegen die europäischen Faschismen international ernst genommen und als könne mit dem Sieg der westlichen Demokratien gegen die Achsenmächte auch eine neue demokratische Ära für den Subkontinent eingeläutet werden.

Das 20. Jahrhundert begann in Lateinamerika mit einer Revolution, die zu den zentralen Ereignissen der Weltgeschichte dieses Jahrhunderts zählt. Der Ausbruch dieser Revolution in Mexiko, dem Land, das die aus Europa stammende Fortschrittsideologie scheinbar perfekt übernommen hatte, überraschte die Zeitgenossen. Zunächst schien es sich um einen der typischen Staatsstreiche zu handeln, die das lange 19. Jahrhundert geprägt hatten. Im Jahr der Jahrhundertfeiern der mexikanischen Unabhängigkeit 1910 erhob sich die Opposition unter Francisco I. Madero, einem Angehörigen der Oberschicht, gegen den greisen Diktator Porfirio Díaz, der Mexiko seit 1876 mit Auslandskapital und blutiger Repression nachhaltig verändert hatte. 1911 musste Díaz Mexiko verlassen, und Madero wurde zum neuen Präsidenten gewählt.

Damit war die Revolution jedoch noch nicht beendet. Madero enttäuschte viele Anhänger durch seine nachgiebige Haltung gegenüber den alten Eliten. So verselbstständigten sich die heterogenen Gruppen, die nur der Widerstand gegen Díaz vereint hatte, und es kam zum Bürgerkrieg. Im Norden des Landes, wo die Bewegung unter der Führung von Pascual Orozco und später Francisco (Pancho) Villa stand, sowie im Süden, wo Emiliano Zapata sie anführte, wurden sozialrevolutionäre Forderungen, besonders die nach einer Bodenreform, laut. Zunächst stürzte jedoch das Militär unter General Victoriano Huerta mithilfe des US-amerikanischen Botschafters 1913 Präsident Madero und etablierte ein konterrevolutionäres Regime. Huerta konnte sich angesichts des andauernden Bürgerkriegs jedoch nicht lange halten.

Unter dem Gouverneur und Großgrundbesitzer Venustiano Carranza errangen nun die sogenannten Konstitutionalisten die Macht, die für einen eher konservativen Kurs standen und radikalere Kräfte bekämpften. Die Strategie der Konstitutionalisten, die Anhänger Villas und Zapatas zu spalten und einzeln zu besiegen, ging auf. 1916 hatte sich Carranza durchgesetzt, was auch die Vereinigten Staaten anerkannten. Zwar dauerten die Kämpfe an, doch sollte eine neue Verfassung die Herrschaft legitimieren. Entgegen Carranzas Intentionen enthielt die Verfassung von 1917 zahlreiche soziale Bestimmungen, die zumeist allerdings erst in den 1930er-Jahren umgesetzt wurden. Nach der Ermordung Carranzas 1920 stabilisierte sich die Lage, was 1928 durch die Gründung einer Staatspartei abgesichert wurde, die ab 1946 «Partei der Institutionalisierten Revolution» (*Partido Revolucionario Institucional*) hieß. Bis zum Jahr 2000 dominierte der PRI das politische System des Landes.

Durch den Nachdruck, mit dem sozialrevolutionäre Forderungen gestellt, zumindest partiell auch durchgesetzt wurden, und durch den Aufstieg eines revolutionären Nationalismus, der die sozialen Umbrüche begleitete, gewann die Revolution in Mexiko kontinentale Bedeutung. Zwar gab es kaum direkte kausale Zusammenhänge, doch wirkten die Ereignisse und Verlautbarungen in Mexiko in Kombination mit den internationalen Umwälzungen der Jahre 1917/18 stimulierend in zahlreichen lateinamerikanischen Staaten. Sozialer Protest regte sich nun vielerorts, wie etwa in den bürgerkriegsähnlichen Unruhen während der «traurigen Woche» (*semana trágica*) in Argentinien. Jedoch nicht überall nahm die Kritik revolutionäre Formen an.

Anlass des Protests waren der soziale Wandel und die Ungleichheiten, die die Gesellschaften Lateinamerikas in diesem Zeitraum weiterhin prägten. In der ersten Hälfte des 20. Jahrhunderts ergaben sich soziale Differenzierungen, da in vielen Ländern in den nun schnell wachsenden Städten eine Mittelschicht entstand, die sich aus Beamten in den stetig wachsenden staatlichen Verwaltungen, Angestellten in Privatunternehmen, Kleinunternehmern, Handwerkern, Akademikern und Freiberuflern zusammensetzte. Aus dieser neuen Schicht rekrutierten sich zahlreiche Kritiker, die sich beispielsweise in der Studentenbewegung von 1918 und der neuen Frauenbewegung engagierten und für die nichtprivilegierten Schichten einsetzten.

Der weitaus größte Teil der Bevölkerung – man spricht von rund vier Fünfteln – gehörte der Unterschicht an und lebte in erster Linie auf dem Land. Land besitzende Kleinbauern und Pächter, landlose Arbeiter und Tagelöhner sowie kleine Gewerbetreibende stellten die große Mehrheit der Bevölkerung. Sie lebten in der Regel in traditionellen Abhängigkeitsverhältnissen, die sich durch die Intensivierung der Exportwirtschaft zum Teil noch vertieften. Diese wurzelten in der extrem ungleichen Landverteilung, sodass der Ruf nach Land eine zentrale Forderung mexikanischer Revolutionäre und späterer Sozialreformer allerorten war. Eine durchschlagende und nachhaltige Landreform sollte jedoch selbst in Mexiko noch viele Jahre auf sich warten lassen, nicht zuletzt weil die Mobilisierung der Landarbeiter schwierig blieb.

In vielen Regionen bot sich durch die Abwanderung in den boomenden Bergbau oder in die neu entstehenden Industriebetriebe der Städte zumindest für Teile der Arbeiterschaft ein Ausweg. In der Regel konnten dort höhere Löhne erzielt werden, obwohl die Arbeitsbedingungen sehr schlecht und die Arbeitsplätze stärker von Konjunkturschwankungen abhängig waren. Auch für die Einwanderer, die bis 1930 noch in großen Massen vor allem nach Argentinien und Brasilien strömten, war die Industriearbeit attraktiv.

Schon vor 1910 waren anarchistische und sozialistische Ideen nach Lateinamerika gekommen, die sich im Aufstieg der Arbeiterbewegung niederschlugen. In Ländern wie Argentinien, Brasilien und Chile entstand diese gegen Ende des 19. Jahrhunderts, während etwa in Venezuela, Ecuador oder Zentralamerika noch keine dauerhaften Organisationsstrukturen erkennbar waren. Erst durch die Krise des Ersten Weltkriegs nahm die organisierte Arbeiterschaft quantitativ und regional stark zu. Überall wuchsen nun Gewerkschaften, Arbeitervereine, Zeitungen und politische Parteien, blieben jedoch durch ideologische Grabenkämpfe zwischen Anarchisten, Syndikalisten, Sozialisten, Kommunisten und katholischen Arbeitervereinen gespalten. Im Kampf um ihre Rechte griff die Arbeiterbewegung zunehmend auf das Mittel des Streiks zurück. Arbeitgeber und Staat reagierten darauf zumeist mit brutaler Unterdrückung. Die unter streikenden Arbeitern beispielsweise in den Bananenplantagen Kolumbiens 1928 angerichteten Massaker sollten wichtige nationale Erinnerungsorte werden. Allerdings kam es in diesem Zeitraum unter anderem auf Druck liberaler und katholischer Sozialreformer auch zu den ersten gesetzlichen Maßnahmen zum Schutz der Arbeiter.

Die Ungleichheit in Lateinamerika hatte nach wie vor nicht nur eine soziale, sondern auch eine ethnische Dimension. Seit der Jahrhundertwende war mit den kritischen Reflexionen über die Entwicklungsdefizite auch das Problem der indigenen Bevölkerungsgruppen ins Zentrum des Interesses gerückt. In Ländern wie Bolivien, Guatemala, Mexiko und Peru mit einem hohen indigenen Bevölkerungsanteil äußerten sich kritische Intellektuelle wie der Peruaner José Carlos Mariátegui zur Marginalisierung und sozioökonomischen Notlage dieser Bevölkerungsgruppe und forderten Reformen. Insbesondere in Mexiko und Peru entstanden indigenistische Bewegungen, die die fehlende Integration der Indigenen nicht mehr auf deren kulturelle oder gar «rassische» Minderwertigkeit zurückführten, sondern als sozioökonomisches Problem erkannten. Auch die Lage der afroamerikanischen Bevölkerung begann sich langsam zu ändern. So organisierten sich Afrobrasilianer und publizierten eigene Zeitungen, die die Diskriminierung in der brasilianischen Gesellschaft anprangerten.

Ein epochenspezifisches Phänomen war die zunehmende Kritik an der internationalen Dimension der Ungleichheit. Seit der Jahrhundertwende hatte der US-amerikanische Interventionismus in Zentralamerika, der Karibik und im nördlichen Südamerika, dem sogenannten Hinterhof der Vereinigten Staaten, stetig zugenommen und wuchs nach dem Ende des Ersten Weltkriegs begünstigt durch den Ausfall der europäischen Mächte nochmals an. Der lateinamerikanische Widerstand dagegen blieb nun nicht mehr auf die diplomatische Ebene beschränkt, wo es schon seit dem ausgehenden 19. Jahrhundert diverse Initiativen zur Etablierung von Schiedsgerichten und zur Respektierung der Souveränitätsrechte gegeben hatte. Nach dem Krieg entstanden dezidiert antiimperialistische Bewegungen und Parteien wie die vom Peruaner Víctor Raúl Haya de la Torre 1924 in Mexiko gegründete APRA (*Alianza Popular Revolucionaria Americana*), die zur panlateinamerikanischen Solidarität aufriefen. In den 1920er-Jahren fanden sie ihren Kristallisationspunkt im Kampf nicaraguanischer Rebellen unter Augusto César Sandino gegen die US-amerikanischen Besatzer, der weltweite Aufmerksamkeit erregte und den die Linke – vor allem die Komintern – für Propagandazwecke aufgriff.

Mit der Entstehung sozialer Bewegungen gingen Demokratisierungsansätze einher. Insbesondere in den südlichen Ländern Lateinamerikas, wo die politische Partizipation durch Ausweitung des Wahlrechts nun schrittweise erweitert wurde, stiegen neue Parteien auf. Insgesamt waren sie ein Spiegel des wachsenden politischen Interesses der Bevölkerung. Allerdings stemmten sich die traditionellen Oligarchien lange Zeit mehr oder weniger erfolgreich gegen den Verlust ihres Machtmonopols. In Ländern wie Guatemala etwa blieben sie, von kurzen Intermezzi abgesehen, bis 1945 an der Macht. Hier waren die Kontinuitäten oligarchischer Herrschaft nicht zu übersehen, die in vielen Fällen weiter dominierte und in anderen nur oberflächlich überlagert wurde. Demgegenüber wirkten beispielsweise in Chile und Ecuador junge Militärs als Motoren des Wandels und überwanden den Reformstau im politischen System mit Entwicklungsdiktaturen, die sich auf US-amerikanische Berater und Investitionen stützten. Auch in Brasilien gab es derartige Ansätze, doch konnten sich die konservativen Kräfte hier wie in vielen weiteren Staaten noch behaupten. Sie hielten an der Vision einer von oben gesteuerten wirtschaftlichen Modernisierung bei Erhalt des sozialen Status quo fest.

Die sozialen und politischen Veränderungen spiegelten sich im kulturellen Wandel wider, die im Zusammenhang mit der Globalisierungswelle dieses Zeitraums standen. So engagierten sich etwa die indigenistischen Bewegungen dezidiert kulturpolitisch, wie z. B. in der Bildungsreform des revolutionären Mexiko, die nach ganz Lateinamerika ausstrahlte. Ihr augenfälligster Ausdruck waren die monumentalen Wandgemälde des *muralismo*, die Künstler wie Diego Rivera und José Clemente Orozco schufen. Die Reformen waren ein Ergebnis der gestiegenen Wertschätzung des Eigenen, einer Festigung des Nationalstolzes, auf den der nationalistische Diskurs unterschiedlicher politischer Couleur in dieser Zeit zurückgriff. Ergänzt wurde dieser durch die Untersuchungen zur kulturellen oder gar «rassischen» Einheit in Lateinamerika. Mit seiner Idee der «kosmischen Rasse» wandte sich etwa der mexikanische Philosoph und Politiker José Vasconcelos gegen die Rassentheorien seiner Zeit, indem er die für Lateinamerika typische Vermischung zum «rassischen» Qualitätsmerkmal erklärte.

Auch Literatur und Kunst entdeckten indigene und afrikanische Elemente als genuin lateinamerikanische Stärken. Selbst die modernen Wettbewerbssportarten wie der Fußball konnten zur Quelle des Selbstbewusstseins werden. Besonders Uruguay erregte hier Aufmerksamkeit, als es 1930 die erstmals ausgetragene Fußballweltmeisterschaft gewann. Parallel dazu und als Herausforderung stand die Dynamik einer Nordamerikanisierung, die sich im Kino, in Musik und Tänzen niederschlug. Die intensive Übernahme der neuartigen Medien und Produkte der Massenkultur ließ ein ambivalentes Spannungsverhältnis zum kulturellen Nationalismus dieser Zeit entstehen. So prägten auch in kultureller Hinsicht Widersprüche und Gegensätze das frühe 20. Jahrhundert Lateinamerikas.

Die wirtschaftliche Entwicklung erfuhr in diesem Zeitraum eine Neuausrichtung, die im engen Zusammenhang mit den Verwerfungen durch den Ersten Weltkrieg und die Weltwirtschaftskrise stand. Bis 1930 blieb die traditionelle Außenorientierung für weite Teile Lateinamerikas prägend. Der Kontinent blieb in erster Linie als Lieferant von Rohstoffen und landwirtschaftlichen Produkten und Empfänger von Fertigwaren in das System der Weltwirtschaft eingebunden. Die Konjunktur war in den meisten Ländern wesentlich vom Export eines oder weniger Güter abhängig. In Zentralamerika, wo sich Costa Rica, Honduras und El Salvador zu sprichwörtlichen «Bananenrepubliken» entwickelten, im Andenraum und andernorts entstanden von ausländischen Investitionen abhängige Enklaven im Bergbau und im Plantagensektor. Die Gewinner dieses Wirtschaftssystems waren die traditionellen Oligarchien und die ausländischen Investoren, wobei sich eine eindeutige Verschiebung zu den USA als Hauptquelle des Kapitals ergab.

Der Erste Weltkrieg gab Anlass zum Umdenken. Traditionelle Absatzmärkte in Europa brachen zusammen, und es entstanden Engpässe bei der Versorgung mit Fertigprodukten. Die Importe aus den Vereinigten Staaten konnten dies nicht vollständig ausgleichen. Die kriegsbedingte Krise sorgte für Impulse, die zu Industrialisierungsansätzen insbesondere in der Konsumgüterindustrie in den Bereichen Textilien sowie Nahrungs- und Genussmittel beispielsweise in Argentinien, Brasilien und Chile führten. Die zunehmende Urbanisierung dieser Länder in den 1920er-Jahren und das Wachstum der dortigen Arbeiterbewegung standen in engem Zusammenhang mit der frühen Industrialisierung.

Parallel dazu fand in diesem Zeitraum ein wirtschaftspolitisches Umdenken statt. Der nationalistische Zeitgeist schlug sich in protektionistischen Maßnahmen nieder. Das konnte man sich leisten, da die Nachkriegsjahre eine Phase relativer Prosperität waren, die jedoch paradoxerweise vielerorts mit Kapital aus den USA finanziert wurde. Damit wurden Investitionen getätigt, die bis 1930 den Glauben an den Fortschritt aufrechterhielten, ja in manchen Fällen wie etwa in Kolumbien unter den konservativen Regierungen oder in Peru unter der elfjährigen Diktatur Augusto Leguías geradezu einen Boom, einen «Tanz der Millionen», auslösten.

Das wirtschaftliche Wohlergehen hing 1929 so stark von den Entwicklungen der Weltwirtschaft und insbesondere der Vereinigten Staaten ab, dass die Nachrichten vom Börsencrash in New York umgehend Bestürzung auslösten. Als die US-amerikanischen Investoren panikartig ihre Investitionen zurückzogen, war die Krise in Lateinamerika angekommen. Binnen kürzester Zeit fielen die wirtschaftlichen Indikatoren auf einen Krisenstand. Die Exportmärkte in Europa und den USA brachen wie schon 1914 erneut zusammen, doch gab es nun keinen Ausgleich durch die Nachfrage nach kriegswichtigen Gütern. Gleichzeitig verschlechterten sich die *terms of trade*. Daher konnten die notwendigen Importe nicht mehr bezahlt werden, das Volumen der Einfuhren war dementsprechend stark rückläufig. Die Verminderung des Handelsvolumens war katastrophal und traf vor allem die Länder, die auf den Export eines oder weniger Produkte angewiesen waren. Die häufig von den Einnahmen aus den Außenhandelszöllen abhängigen Staatshaushalte brachen ein. Wegen Kapitalmangels mussten die öffentlichen Baumaßnahmen eingestellt werden. Dafür stiegen die Inflations- und Arbeitslosenraten unaufhaltsam an. Nach kurzer Zeit erklärte ein lateinamerikanisches Land nach dem anderen seine Zahlungsunfähigkeit. Ausländisches Kapital zur Umschuldung und zu Neuinvestitionen war unter diesen Bedingungen nicht mehr zu haben.

Als die Wucht des wirtschaftlichen Zusammenbruchs deutlich wurde, ging der Glaube an die Exportorientierung, die

«Entwicklung nach außen», verloren. Das war nicht zuletzt darauf zurückzuführen, dass die Weltwirtschaftskrise neue internationale Rahmenbedingungen schuf, denn die Industrieländer schotteten sich durch protektionistische Maßnahmen rigide ab und rückten vom Goldstandard als Währungssystem ab. In Lateinamerika folgte man diesen Vorgaben, führte Devisen- und Importkontrollen ein und wertete die eigenen Währungen ab. Ziel war, die Krise durch eine Einschränkung der Importe zu überwinden. Dazu war es notwendig, die heimische Produktion zu fördern.

Tatsächlich fand in diesem Zeitraum eine Neuausrichtung auf eine binnenmarktorientierte Wirtschaftspolitik, eine «Entwicklung nach innen», statt. Dies zeigte sich selbst in der Einwanderungspolitik, die nun restriktiv gehandhabt wurde. Die Binnenorientierung galt sowohl für die Landwirtschaft, die Infrastruktur als auch insbesondere für die Industrie. Aufbauend auf den bereits seit dem Ersten Weltkrieg angelegten Strukturen und Vorbildern, legte man in den 1930er-Jahren die Grundlagen für die importsubstituierende Industrialisierungspolitik, die Lateinamerika in den kommenden Jahrzehnten prägen sollte. Dabei darf allerdings nicht vergessen werden, dass die wirtschaftspolitischen Anstrengungen ab 1933 vom Aufschwung der Weltnachfrage nach Rohstoffen aus Lateinamerika profitierten. Länder wie Kuba oder Venezuela verdankten ihre relativ rasche Gesundung vor allem der Erholung des Exportsektors. Sogar in den sich industriell entwickelnden Ländern wie Brasilien und Chile spielte dieser Faktor eine wichtige Rolle.

Die große Krise hatte nicht nur wirtschaftliche, sondern auch tief greifende politische Folgen. Der ökonomische Zusammenbruch verursachte zahlreiche Umstürze und stärkte nationalistische, teils radikale Tendenzen. In einem Fall – dem Konflikt zwischen Bolivien und Paraguay um den Chaco (1932–1935) – gab er sogar Anlass zu einem Krieg. War die Herrschaft der traditionellen Oligarchie in einigen Ländern schon seit 1910 ausgehöhlt und in Mexiko sogar gebrochen, so sollte sich dieser Trend nun noch vertiefen. Häufig wurden die Regierungen durch Militärs oder zumindest mit deren Unterstützung gestürzt. Die Militärregimes, die sich z. B. in Argentinien und Bolivien an der Macht behaupteten, wiesen Affinitäten zu den europäischen Faschismen auf.

Andernorts setzten sich populistische Regime durch, die einen Umbau der Gesellschaft nach korporatistischen und technokratischen Vorstellungen verfolgten. Überall weitete der Staat seine Aktivitäten erheblich aus, was nicht zuletzt auf die zunehmend bessere verkehrsmäßige Erschließung durch neue Verkehrsmittel wie Autos und Flugzeuge zurückzuführen war. Charismatische Staatsmänner wie Getúlio Vargas in Brasilien, Lázaro Cárdenas in Mexiko und später Juan Domingo Perón in Argentinien verliehen der Politik ein neues Gesicht. Breitere soziale Schichten wurden durch populistische sozialpolitische Maßnahmen angesprochen, Gewerkschaften in ein Abhängigkeitsverhältnis zu Regierungen gebracht. Die krisenhaften 1930er-Jahre waren auch eine Phase verschärfter Arbeitskonflikte, wobei sich die Kommunisten auf Kosten der Anarchisten profilierten.

Nach dem Ersten Weltkrieg und der Weltwirtschaftskrise löste der Zweite Weltkrieg die dritte von außen angestoßene Krise in diesem Zeitraum aus. Schon im Vorfeld hatte sich die starke Abhängigkeit Lateinamerikas von der Weltpolitik gezeigt, in die es seit 1919 im Völkerbund aktiv eingebunden war. Die Vereinigten Staaten, die sich während der Weltwirtschaftskrise einem nochmals gestiegenen Anti-US-Amerikanismus gegenübersahen, änderten bereits ab 1933 ihre Lateinamerikapolitik unter dem Motto der «Guten Nachbarschaft». Lateinamerika sollte so in eine panamerikanische Allianz gegen die europäischen Totalitarismen eingebunden werden. Daneben waren wirtschaftliche Motive ausschlaggebend. Diese Politik wurde mit kulturpolitischen Maßnahmen wie etwa eigens zu diesem Zweck produzierten Hollywoodfilmen abgestützt. Die Reaktionen in Lateinamerika waren ambivalent. Misstrauen und Abneigung gegen die Nachbarn im Norden blieben stark. Viele Regierungen spielten in den 1930er-Jahren die Gegensätze zwischen den USA und Europa aus, um ihre eigenen nationalen Interessen zu verfolgen. Wie die Vereinigten Staaten erklärten auch die Lateinamerikaner 1939 zunächst ihre Neutralität, verfolgten aber mit Sorge die militärischen Erfolge Deutschlands.

Der japanische Angriff auf die Vereinigten Staaten brachte ein Umdenken in Lateinamerika und führte zu einer Annäherung, da die gemeinsame Verteidigung unter dem neuen Stichwort «kollektive Sicherheit» vordringlich erschien. Ab 1942 brachen die lateinamerikanischen Staaten – bis auf Argentinien – ihre Beziehungen zu den Achsenmächten nach und nach ab und traten an der Seite der Alliierten in den Krieg ein. Einwanderer und ihre Nachkommen aus Deutschland, Italien und Japan wurden zunehmend als Gefahr für die innere Sicherheit wahrgenommen und verfolgt. Die Öffnung gegenüber den Flüchtlingen vor dem nationalsozialistischen Terror geschah demgegenüber nur halbherzig. Der Kriegsbeitrag Lateinamerikas bestand vor allem in der Lieferung von kriegswichtigen Rohstoffen und der Bereitstellung von Militärstützpunkten. Das war durchaus profitabel, vertiefte aber durch die einseitige Ausrichtung auf die Vereinigten Staaten auch die Abhängigkeiten. Außerdem wurden durch den Exportboom die Industrialisierungsbemühungen gebremst.

Diese Abhängigkeit wurde in Lateinamerika gegen Kriegsende kritisch diskutiert. Da das gemeinsame Ziel der Verteidigung gegen die Aggression der Achsenmächte erreicht war, traten die grundsätzlich unterschiedlichen Interessen zwischen den USA und Lateinamerika nun wieder offen zutage. Zwar unterstützten die lateinamerikanischen Regierungen die Pläne Washingtons zur Schaffung der Vereinten Nationen. Allerdings lehnten sie den exklusiven Sicherheitsrat für die Großmächte ab. In wirtschaftspolitischer Hinsicht gab es ebenfalls Meinungsverschiedenheiten, denn die USA plädierten für Freihandel, während die Lateinamerikaner eine nationalistische und staatlich gelenkte Wirtschaftspolitik betrieben. Durch die Neuausrichtung der US-amerikanischen Nachkriegspolitik auf Europa geriet Lateinamerika an den Rand des Interesses und erhielt nur noch minimale Wirtschaftshilfe. Auch die Förderung der Demokratie in den Amerikas, die in einigen Ländern in den 1940er-Jahren durchaus erfolgreich war, erlahmte bald. Unter dem Eindruck des beginnenden Kalten Kriegs unterstützte Washington Diktaturen, solange diese die US-amerikanischen Interessen schützten und antikommunistisch waren. Das führte bereits Ende des Jahrzehnts in vielen Ländern zu einem eindeutigen Rechtsruck. In diesem Zusammenhang stand auch die erfolgreiche Schaffung eines interamerikanischen Sicherheitssystems mit antikommunistischer Ausrichtung, die 1948 in der Gründung der Organisation Amerikanischer Staaten gipfelte und die Hegemonie der USA in der Region festigte.

Die globalen Krisen des frühen 20. Jahrhunderts wirkten sich mehr oder weniger heftig auf Lateinamerika aus mit ambivalenten Folgen. Entziehen konnte sich der Subkontinent diesen Dynamiken nicht. Auch der Aufstieg der Nationalismen in diesem Zeitraum war kein lateinamerikanisches Spezifikum. Die Versuche zu möglichst autarken Entwicklungen nach innen spiegeln den Geist der Zeit wider. Diese Ansätze ließen sich aber nur begrenzt realisieren. Die Modernisierungserfolge waren nicht zuletzt deshalb gering, weil sich die Ausgangslage in Lateinamerika schwieriger gestaltete als andernorts, denn die sozialen Hypotheken lasteten noch immer schwer auf den Staaten der Region. Immerhin erlebte der Subkontinent in diesem Zeitraum den Beginn des tief greifenden sozialen Wandels, der das gesamte 20. Jahrhundert prägen sollte. Er brachte eine dezidierte Rückbesinnung auf die bis dahin verleugneten Elemente der sozialen Wirklichkeit. Das galt auch in kultureller Hinsicht, wo sich allerdings ebenfalls ein Spannungsfeld zwischen internen und externen Einflüssen ergab. Man kann diesen Zeitraum als Zeit des Erwachens lateinamerikanischen Selbstbewusstseins interpretieren, an deren Ende der Optimismus und die Hoffnung auf Entwicklung enorm waren.

VIII. Demokratien und Diktaturen im Schatten des Kalten Kriegs, 1945–1990

Das Kriegsende bedeutete für Lateinamerika keinen Epochenbruch. Jedoch schuf die neue Weltordnung internationale Rahmenbedingungen, die sich noch stärker in der Region bemerkbar machten, als dies zuvor bereits der Fall gewesen war. Nicht nur in außenpolitischer Hinsicht veränderten sich die Parameter grundlegend. In Gesellschaft und Wirtschaft vertieften sich Entwicklungen, die wie z. B. die Industrialisierung und die Verstädterung bereits im frühen 20. Jahrhundert angelegt waren. Insgesamt verstärkten sich die sozialen Herausforderungen. «Unterentwicklung» wurde als Problem erkannt, und man suchte Wege, sie zu bekämpfen. Dies führte zu unterschiedlichen politischen Reaktionen, die in ihrer Radikalität neuartig waren. Gemeinsam war ihnen der Hang zur gewaltsamen Lösung gesellschaftlicher Konflikte. Daran zeigte sich der hohe Ideologisierungsgrad, der sich aus dem globalen Kontext speiste und diesem Zeitabschnitt lateinamerikanischer Geschichte einen eigenständigen Charakter verlieh.

Das Ende des Zweiten Weltkriegs war in wirtschaftlicher Hinsicht für Lateinamerika nicht unproblematisch. Durch das Ende der kriegsbedingten Nachfrage nach Rohstoffen ging das Volumen der Exporte zunächst zurück. Auch die Wirtschaftshilfe aus den USA versiegte. Allerdings stiegen die Preise für die Exportprodukte schnell an, und die *terms of trade* verbesserten sich in den ersten Nachkriegsjahren deutlich. Die meisten Staaten nutzten diese Konjunktur, um ihre Altschulden abzuzahlen. Außerdem nationalisierten sie Schlüsselsektoren der Wirtschaft, was ebenso wie die gestiegene Nachfrage nach Importgütern zum schnellen Aufzehren der Devisenreserven beitrug.

1950 arbeitete noch immer mehr als die Hälfte der Beschäftigten in der Landwirtschaft, wobei der Anteil seit 1930 stark gesunken war. Dieser Trend sollte sich weiter fortsetzen. Die volkswirtschaftliche Bedeutung der Landwirtschaft ging kontinuierlich zurück, obwohl die Produktivität erheblich anstieg. Letzteres war auf die Ausweitung der Produktionsflächen in bisher noch unerschlossene Gebiete im Hinterland – etwa in Brasilien – und auf eine allgemeine Modernisierung zurückzuführen. Davon profitierten allerdings vor allem die Mittel- und Großbetriebe, die über das notwendige Kapital für neue Maschinen und Dünger verfügten, während Kleinbauern und Tagelöhner zunehmend verelendeten.

Nun wurde die seit Langem geforderte Landreform zu einem Thema auf der politischen Agenda. In den 1950er-Jahren machten sich Länder wie Guatemala und Bolivien an diese Aufgabe, in denen sich jedoch schnell der Widerstand der Oligarchien erhob, die die reformbereiten Regierungen stürzten. Erst unter dem Eindruck der kubanischen Revolution kam die Landreform auch andernorts ernsthaft in Gang. Einige Länder taten dies unter eher konservativen Vorzeichen – z. B. in den 1960er-Jahren mit US-amerikanischer Entwicklungshilfe im Rahmen der «Allianz für den Fortschritt» –, andere unter revolutionären wie etwa Chile in den frühen 1970er- und Nicaragua in den 1980er-Jahren. Insgesamt änderten die Reformen wenig an der ungerechten Verteilung der Ressourcen. Die Militärregime im Süden machten sie teilweise wieder rückgängig. Die arme Landbevölkerung wanderte in die Städte ab oder lebte von den Rücküberweisungen der Familienmitglieder, die sich der Arbeitsmigration vor allem in die Vereinigten Staaten anschlossen.

Die Krise auf dem Land war ein Indiz für die Konzentration auf den industriellen Sektor. Der Weg ins Industriezeitalter prägte die lateinamerikanische Geschichte dieser Jahrzehnte. Vom Nationalismus und vom Misstrauen gegenüber dem Weltmarkt beeinflusst, gingen viele Regierungen in den 1950er-Jahren mit neuem Elan zu einer importsubstituierenden Wirtschaftspolitik über. Hinter dieser wirtschaftspolitischen Ausrichtung stand nicht zuletzt das Wirken der 1948 gegründeten UN-Wirtschaftskommission für Lateinamerika CEPAL (*Comisión Económica para América Latina*). CEPAL-Denker wie vor allem der Argentinier Raúl Prebisch gingen aufgrund der Erfahrungen der Weltkriege und der Weltwirtschaftskrise davon aus, dass die Außenorientierung eine Fehlentwicklung war. Ferner prognostizierten sie, dass sich die *terms of trade* für Lateinamerika in der Zukunft kontinuierlich verschlechtern würden, weil das Weltwirtschaftssystem den Subkontinent strukturell benachteiligte. Daher propagierte die CEPAL den Ersatz der Importe durch die heimische Industrie, wobei der Staat eine Steuerungsrolle übernehmen sollte.

Die größten Länder der Region wie Argentinien, Brasilien, Mexiko und auch Chile folgten diesen Vorgaben mit Überzeugung. Sie schränkten die Einfuhren durch protektionistische Maßnahmen ein. Gleichzeitig bauten sie den industriellen Sektor im Staatsbesitz gezielt aus und bemühten sich um die Schaffung einer schwerindustriellen Basis. Trotz der staatlichen Aktivitäten waren weiterhin auch ausländische Investitionen notwendig, die jedoch in einem Spannungsverhältnis zu den Nationalisierungstendenzen standen. Dass sich ausländische Unternehmen – darunter auch deutsche wie etwa Volkswagen – trotz dieser Probleme für Lateinamerika entschieden, lag an der potenziellen Aufnahmefähigkeit der dortigen Märkte. Die Anstrengungen schlugen sich in hohen Wachstumsraten nieder, die teilweise bis in die 1970er-Jahre andauerten. Insbesondere Brasilien und Mexiko, mit Abstrichen Argentinien sowie mit einigem Abstand aufgrund des kleineren Binnenmarkts Chile und Kolumbien entwickelten sich zu industriellen Schwellenländern, die auch ihre Verkehrsinfrastruktur planmäßig ausbauten. Dadurch wuchs die Überzeugung, bald Teil der industrialisierten Welt sein zu können. Mancherorts sprach man schon von einem «Wirtschaftswunder».

Doch nicht überall setzte man von Beginn an einseitig auf Industrialisierung. Länder wie Mexiko und Kolumbien etwa bemühten sich gleichzeitig um eine Förderung ihrer Exporte und anderer Devisenquellen. Außerdem hielten zahlreiche kleinere Länder am exportbasierten Entwicklungsmodell fest. Zum einen fehlten dort die Grundlagen für die Industrialisierung, zum anderen waren die traditionellen, Land besitzenden

Oligarchien hier noch an der Macht. Der Exportsektor blieb oft noch auf ein oder wenige Produkte konzentriert. Das galt etwa für Venezuela mit seinem Erdöl, Bolivien mit Zinn oder Kuba mit Zucker. Andere Länder wie Peru, Ecuador und einige zentralamerikanische Staaten verbreiterten ihre Exportproduktpalette.

Diese Länder sahen sich jedoch durch die Konjunkturschwankungen auf dem Weltmarkt den bekannten Problemen ausgesetzt. Hinzu kamen Umweltprobleme durch die fortschreitende Vernichtung der Wälder und die dadurch verschärften Naturkatastrophen. Die Konflikte mit ausländischen Investoren nahmen aufgrund des wachsenden Nationalismus und Antiimperialismus ebenfalls zu. Letztlich versuchten gegen Ende der 1950er-Jahre auch kleinere Staaten ihr Glück mit einer eigenständigen Industrialisierung, doch stellten sich wegen der fehlenden Binnenmärkte kaum Erfolge ein. Daran änderten auch die Versuche der regionalen Integration wenig, die insbesondere in den 1960er-Jahren zunahmen, aber aus unterschiedlichen Gründen kaum fruchteten.

Selbst in den großen Ländern hatte der Industrialisierungserfolg Schattenseiten. Die im protektionistischen Klima erzeugten Güter waren überteuert und konnten internationaler Konkurrenz nicht standhalten. Die Produktion war ineffizient. An einen Export der Industrieprodukte war nicht zu denken, Devisen mussten vielmehr durch traditionelle Exportgüter erwirtschaftet werden. Das Ziel der Industrialisierungspolitik, die Senkung der Importe, konnte nicht erreicht werden. Aus dieser Situation ergaben sich strukturelle Probleme, die sich zunehmend verschärften.

Auch das soziale Konfliktpotenzial wuchs weiter an. Zwar differenzierte sich die Mittelschicht aus, und auch ihr Anteil an der Beschäftigungsstruktur stieg weiter an. Doch war diese Entwicklung nicht stark genug, um die gesellschaftlichen Ungleichheiten abzubauen. Im Gegenteil, der weitaus größte Teil der Bevölkerung zählte nach wie vor zu den Unterschichten, auch wenn diese nun in ihrer Mehrheit in den Städten lebten. Längst nicht alle fanden in den Industrien Arbeit. Ein zunehmender

Prozentsatz driftete in den sogenannten informellen Sektor ungeregelter Beschäftigungsverhältnisse ab.

Bereits in den 1960er-Jahren spitzten sich die Krisensymptome in vielen Ländern zu. In Reaktion darauf kam es zu einer Abkehr von diesem Modell und zu einer Neuausrichtung. Die Militärregime in Argentinien, Chile und Uruguay suchten in einer abrupten wirtschaftspolitischen Kehrtwende und in der Liberalisierung des Außenhandels ihr Heil. Auch andere Länder setzten nun wieder verstärkt auf den Exportsektor. Gleichzeitig stieg die Außenverschuldung nach der Ölkrise von 1973 stark an, weil Kapital zu günstigen Konditionen zu haben war. Als zu Beginn der 1980er-Jahre die Rohstoffpreise erneut fielen und sich die Kreditbedingungen verschlechterten, kam es in Lateinamerika wieder zu einer tiefen Krise, die 1982 in der Zahlungsunfähigkeit Mexikos gipfelte. Diese Krise läutete das Ende der importsubstituierenden Industrialisierungspolitik ein, denn die internationalen Gläubiger forderten in den zähen Verhandlungen um die Schuldenregulierung die Liberalisierung der Märkte, umfassende Privatisierungsmaßnahmen und den Umbau der Sozialsysteme. Lateinamerika folgte diesen neoliberalen Vorgaben mehr oder wenig willig, doch eine wirtschaftliche Konsolidierung stellte sich zumeist erst gegen Ende des Jahrzehnts ein. Sinkende Reallöhne, steigende Arbeitslosenzahlen, das Ausufern des informellen Sektors und das Auseinanderklaffen der Schere zwischen Arm und Reich waren die hohen sozialen Kosten der Umstellung.

Mit den wirtschaftlichen Aufs und Abs ging tief greifender sozialer Wandel einher. Zwischen 1945 und 1990 verdreifachte sich die Bevölkerung Lateinamerikas. Insbesondere in den 1950er- und 1960er-Jahren erlebte der Subkontinent eine regelrechte Bevölkerungsexplosion, die vor allem auf die bessere medizinische Versorgung zurückzuführen war. Eine Folge waren Wanderungsbewegungen der Armen in vermeintlich reichere Regionen. Die Städte wuchsen in diesem Zeitraum explosionsartig und wurden teils wie São Paulo oder Mexiko-Stadt zu Megastädten, ohne darauf vorbereitet zu sein. Einerseits entstanden moderne Stadtteile, die westlichen Architekturstandards folgten. Andererseits – und manchmal in direkter Nachbarschaft dazu – expandierten die Elendsviertel, in denen selbst die Grundversorgung nicht gewährleistet war. Häufig wurden diese Siedlungen zu sozialen Brennpunkten. Allerdings bildeten die Unterschichten keine einheitliche Schicht. Durch die Zunahme des informellen Sektors verstärkte sich der Trend zur Fragmentierung. Die große Masse der Armen stand wachsenden Mittelschichten und sehr kleinen Oberschichten gegenüber, die sich aus traditionellen Familien der alten Landbesitzeroligarchien sowie aus dem neuen Umfeld von Unternehmern rekrutierten. Die Sozialstruktur blieb bis auf wenige Ausnahmen extrem heterogen, was sich durch die Auswirkungen der neoliberalen Reformen in den 1980er-Jahren noch verstärkte.

Die sozialen und wirtschaftlichen Probleme lösten heftige Diskussionen um den richtigen Weg in die Zukunft aus. Es blieb nicht bei der theoretischen Auseinandersetzung, sondern schon bald trug man die ideologischen Konflikte mit Waffengewalt aus. Lateinamerika entwickelte sich damit zu einem Schauplatz intensiver politischer Gewalt. Die Region war Teil des globalen Kampfes der Ideologien und ein Schauplatz des Kalten Kriegs.

Diese Entwicklung speiste sich aus der weltweiten Rivalität zwischen Kapitalismus und Marxismus. Darauf aufbauend, entstanden in Lateinamerika eigene Beiträge zur Theorieentwicklung, die weltweit rezipiert wurden. Die Kritik am Entwicklungsoptimismus wurde angesichts der ausbleibenden Erfolge immer lauter. Daraus entstand in den 1960er-Jahren die «Theorie der Abhängigkeit», die Dependenztheorie. Ihre Vordenker wie der spätere brasilianische Präsident Fernando Henrique Cardoso verstanden Unterentwicklung als Ergebnis einer von äußeren Mächten dominierten Geschichte. Das Weltsystem sahen sie als von Zentren beherrscht, die die Peripherien in Abhängigkeit hielten. Diese Grundidee verband die Dependenztheoretiker, wenngleich es durchaus unterschiedliche Strömungen gab. Die Kritik hat der Dependenztheorie erhebliche Unschärfen nachgewiesen, dennoch blieb sie politisch einflussreich.

Auch die katholische Kirche, die sich trotz der Einflüsse der Soziallehre als Bewahrerin des gesellschaftlichen Status quo ausgezeichnet hatte, entdeckte im Gefolge des Zweiten Vatikanischen Konzils (1962–1965) die Probleme der Unterentwicklung. Soziale Gerechtigkeit und Kampf gegen die Armut gewannen zentrale Bedeutung bei den Teilen des Klerus, die die von der lateinamerikanischen Bischofskonferenz 1968 ausgegebene Formel der «Option für die Armen» ernst nahmen und sich in den Armenvierteln in Stadt und Land engagierten. Der peruanische Theologe Gustavo Gutiérrez prägte dafür den Begriff Befreiungstheologie. Ähnlich wie in der Dependenztheorie ging es auch den Befreiungstheologen um die Probleme der Gegenwart. Die Nähe zur revolutionären Linken war bei einigen Priestern unübersehbar, die sich wie der Kolumbianer Camilo Torres dem bewaffneten Kampf der Guerilla anschlossen. Der Widerstand gegen die Befreiungstheologie innerhalb der katholischen Kirche blieb daher groß.

Ein Leitmotiv, um das die Lehren der Dependenztheoretiker und Befreiungstheologen kreisten, war der Begriff der Gewalt. Konzepte wie «strukturelle» und «institutionalisierte» Gewalt, die man von den herrschenden sozioökonomischen Verhältnissen ableitete, spielten in den Diskussionen eine entscheidende Rolle. Für die radikaleren Stimmen der politischen Linken, die in den 1960er-Jahren aufgrund des von Kuba ausgehenden revolutionären Diskurses an Bedeutung gewannen, konnte die Antwort nur Gegengewalt heißen. Da sich die von den kommunistischen Parteien verfolgten Strategien des Umsturzes innerhalb des politischen Systems als erfolglos erwiesen hatten, erlebte dieses Jahrzehnt den Wiederaufstieg der Guerilla, die seit der Unabhängigkeit eine lange Tradition hatte.

In diesem Zeitraum wurde Lateinamerika in der Außenwahrnehmung zum «Revolutionskontinent» schlechthin. In der Tat ereigneten sich in diesem Zeitraum Revolutionen, die tief greifende Veränderungen im politischen System und im sozialen Gefüge nach sich zogen. Gemeinsam war ihnen die antiimperialistische, antikolonialistische und mit Abstrichen antikapitalistische Ausrichtung, die mit einem starken Nationalismus einherging. Viele dieser Vorstöße scheiterten im Kontext des Kalten Kriegs, wobei die Vereinigten Staaten eine unrühmliche Rolle spielten und blutige Diktaturen stützten, solange diese im Kampf gegen den Kommunismus nützlich erschienen.

Den Anfang machte mit Bolivien ein Land, das über einen besonders großen indigenen Bevölkerungsanteil verfügte und nach westlichen Maßstäben besonders stark «unterentwickelt» war. Die herrschende Oligarchie hatte sich durch die Niederlage im Chaco-Krieg gegen das kleine Nachbarland Paraguay diskreditiert. Mit dem *Movimiento Nacionalista Revolucionario* (MNR) schälte sich in den 1940er-Jahren eine nationalistische Opposition heraus. Als dem MNR 1951 der Wahlsieg vorenthalten werden sollte, stürzte dieser unter der Führung von Víctor Paz Estenssoro 1952 die Regierung, verstaatlichte die Rohstoffvorkommen und setzte eine Agrar- und Wahlrechtsreform um. Allerdings verlor sich der revolutionäre Elan schon bald aufgrund von Querelen innerhalb des MNR. Vor dem Hintergrund zunehmender Guerillaaktivitäten wurden in den 1960er- und 1970er-Jahren Militärs unterschiedlicher politischer Ausrichtung zum bestimmenden Element in der bolivianischen Politik.

Hatten sich die Vereinigten Staaten schon bei der Eindämmung der bolivianischen Revolution engagiert, so spielten sie in Guatemala eine noch aktivere Rolle. Präsident Jacobo Arbenz setzte ab 1951 unter anderem eine Agrarreform durch, unter der US-amerikanische Bananenproduzenten litten. Als er Mitglieder der Kommunistischen Partei in die Regierung berief, betrachtete man ihn in Washington als Werkzeug des internationalen Kommunismus. Daraufhin koordinierte der US-Geheimdienst CIA 1954 einen Umsturz, der den Reformprozess abrupt stoppte.

Nicht erfolgreich waren die USA dagegen in Kuba, dem Land, das von 1898 bis 1958 wie kein zweites von US-amerikanischen Einflüssen durchdrungen war. Hier setzte sich Anfang 1959 Fidel Castro, der seit seiner Landung 1956 mit einer kleinen Guerillatruppe den korrupten Diktator Fulgencio Batista bekämpft hatte, mit seiner revolutionären Bewegung durch. In der ersten, demokratischen Phase der Revolution wurden zahlreiche Reformmaßnahmen umgesetzt. Unter dem Eindruck der US-amerikanischen Bedrohung, die im gescheiterten Invasionsversuch in der Schweinebucht von 1961 gipfelte, steuerte Castro um und gab der Revolution einen sozialistischen Charakter. Dabei blieb der nun eingeschlagene Weg zum kommunistischen Kuba jedoch ein eigenständiger, da die politische Macht in der Person des charismatischen *máximo líder* Castro und nicht in der Partei zentriert war. Auch die Beziehungen zur Sowjetunion gestalteten sich keineswegs konfliktfrei.

Die kubanische Revolution entwickelte innerhalb und außerhalb Lateinamerikas eine enorme Strahlkraft und wurde – nicht zuletzt wegen Castros langjährigem Wegbegleiter Ernesto «Che» Guevara – zum Mythos verklärt. Sie schuf ein Klima des revolutionären Aufbruchs, von dem die Linke in vielen lateinamerikanischen Staaten profitierte. In Chile kam 1970 mit Salvador Allende ein sozialistischer Politiker durch eine demokratische Wahl an die Macht, der einen eigenständigen «chilenischen Weg zum Sozialismus» suchte. Das chilenische Experiment endete bereits drei Jahre später, als die Militärs unter dem Eindruck einer massiven Wirtschaftskrise putschten und Präsident Allende Selbstmord beging.

Ende der 1970er-Jahre rückte die Revolution in Nicaragua ins Zentrum des Weltinteresses. Die nach dem Nationalhelden der 1920er-Jahre benannte Freiheitsbewegung *Frente Sandinista de Liberación Nacional* (FSLN) stürzte 1979 die Diktatur Anastasio Somozas. Auch hier kam es zu umwälzenden Reformen, doch stieß die Revolution auf Widerstände. Ähnlich wie im Chile Allendes griffen die USA zum Mittel des Wirtschaftsboykotts. Außerdem unterstützte Washington die sogenannten Contras, die ab 1982 einen blutigen Bürgerkrieg führten, der weite Teile Zentralamerikas in Mitleidenschaft zog. Durch den Konflikt geschwächt, brauchten die Sandinisten das in sie gesetzte Vertrauen im Laufe der 1980er-Jahre auf.

Wie in Kuba, wo die revolutionären Ideale durch das Castro-Regime selbst verraten wurden, zeigten sich auch andernorts schon bald die Grenzen der Revolutionen, wenn auch aus ganz unterschiedlichen Gründen. Selbst in Mexiko, dem Land der «institutionalisierten Revolution», wurden diese Grenzen 1968 einer breiten Weltöffentlichkeit deutlich, als die Regierung brutal auf Studenten schießen ließ, um sich der Welt als vielversprechendes Schwellenland im Rahmen der ersten in Lateinamerika ausgetragenen Olympischen Spiele zu präsentieren.

Dennoch spielte Lateinamerika mit seinen revolutionären Bewegungen in diesem Zeitraum eine führende Rolle in der Welt. Linke Intellektuelle der Industrieländer nahmen die lateinamerikanischen Anstöße für die eigene Theoriebildung und für ihren politischen Aktivismus auf, was sich an der europäischen Studentenbewegung der 1960er verfolgen lässt. Die Entdeckung der Dritten Welt durch staatliche Entwicklungshilfe aus Ost und West und durch nichtstaatliche Solidaritätsbewegungen rückte Lateinamerika ins Zentrum des Weltinteresses.

Die Vereinigten Staaten antworteten mit Interventionen, aber auch mit dem groß angelegten Entwicklungshilfeprogramm der «Allianz für den Fortschritt». Die Sowjetunion bemühte sich, durch Unterstützung Kubas die revolutionären Bewegungen zu stärken und die eigene Stellung im «Hinterhof» der USA auszubauen, was im Oktober 1962 während der Kubakrise zu einer ernsthaften Bedrohung durch einen möglichen Atomkrieg führte. Der Subkontinent wurde zum Schauplatz von Stellvertreterkriegen für die Weltmächte. Gleichzeitig gingen von Lateinamerika und insbesondere von Kuba wichtige Impulse für einen antikolonialen «dritten Weg» zwischen Kapitalismus und Kommunismus aus und gipfelten im kubanischen Militäreinsatz in Afrika sowie in der Bewegung der Trikontinentale, bestehend aus revolutionären Vertretern Afrikas, Asiens und Lateinamerikas.

Die revolutionäre Phase ging bereits Mitte der 1960er-Jahre schrittweise zu Ende. In erster Linie war das Militär dafür verantwortlich, das sich in den meisten südamerikanischen Staaten an die Macht putschte. 1964 machte Brasilien den Anfang, bald folgten Peru (1968), Bolivien (1971), Ecuador (1972), Chile (1973), Uruguay (1976) und Argentinien (1976). Auch in den zentralamerikanischen Staaten El Salvador, Honduras, Guatemala und Panama regierten Militärs mehr oder weniger lange und blutig. In der Regel begründeten die Putschisten ihr Vorgehen mit dem Versagen der Politiker angesichts der wirtschaftlichen und sozialen Probleme. Im Fall Perus und Ecuadors traten die Offiziere zunächst mit sozialreformerischen Programmen an, wurden dann aber von rechten Kräften innerhalb der Streitkräfte gebremst. Die rechten Militärjuntas, die hier wie in den anderen Fällen an die Macht kamen, verwiesen auf die Bedrohung der inneren Sicherheit durch die kommunistische Subversion, die sich am Aufstieg der Guerilla ablesen ließ, deren Bombenattentate und Entführungen die Öffentlichkeit erschütterten. Im Denken der Militärs paarte sich ein starker und von den Vereinigten Staaten geförderter antikommunistischer Affekt mit der «Doktrin der nationalen Sicherheit».

Die Militärdiktaturen unterschieden sich von den Regimes des 19. und frühen 20. Jahrhunderts. Meist stand nicht ein traditioneller militärischer Caudillo im Zentrum, sondern die Befehlshaber der unterschiedlichen Waffengattungen teilten sich die Macht und bildeten eine Junta. Ausnahmen wie Alfredo Stroessner in Paraguay (1954–1989) bestätigen die Regel. Dabei konnte es wie im Fall Chiles unter Augusto Pinochet später durchaus zu einer Personalisierung der Herrschaft kommen. Gemein war den Regimes die Anwendung staatsterroristischer Gewalt gegen die politischen Gegner. Die Repression gewann durch Menschenrechtsverletzungen, Folter und durch die transnationale Vernetzung der Geheimdienste in der sogenannten Operation Condor eine neue Dimension. Sie trieb viele Lateinamerikaner ins Exil und hielt das weltweite Interesse an diesem Subkontinent wach.

Ein weiteres gemeinsames Merkmal der Militärdiktaturen war der politische Anspruch, mit dem das Ausmaß der Gewalt legitimiert wurde. Man verfolgte Pläne zum Umbau von Staat, Wirtschaft und Gesellschaft. Dabei präsentierte sich das Militär als quasi überparteiliche, nur am Wohl der Nation interessierte Instanz. Zu diesem Zweck rekrutierte man vielerorts technokratische Eliten, die die Wirtschaft und die sozialen Sicherungssysteme unter neoliberalen Vorzeichen veränderten. Die lange verpönten ausländischen Investitionen wurden nun wieder gezielt eingeworben. Trotz der neoliberalen Rhetorik behielt der von den Militärs kontrollierte Staat wichtige Interventionsfunktionen. Wenngleich sie phasenweise durchaus Erfolge vorzuweisen hatten, fanden auch die Militärdiktaturen den versprochenen Ausweg aus der strukturellen Krise nicht. Die Zeit der Militärs lief in den 1980er-Jahren ab.

Das kulturelle Leben wandelte sich ebenfalls tief greifend. Trotz der Unterdrückungsmechanismen schalteten sich immer breitere Bevölkerungsgruppen ein. Die ethnische und kulturelle Vielfalt rückte ins Zentrum des Interesses und galt mehr denn je als positives Element. Die Rückbesinnung auf das Eigene ging einher mit einer kritischen Abwendung von Europa und den Vereinigten Staaten. Stärker als je zuvor erregte die kulturelle Produktion Lateinamerikas weltweite Aufmerksamkeit.

Bereits zu Beginn des 20. Jahrhunderts hatten das indigene Erbe und die kulturellen Ausdrucksformen der nichtprivilegierten Bevölkerungsschichten eine neue Wertschätzung gewonnen. Mit der Abkehr von traditionellen westlichen Kulturstandards ging in Kunst und Literatur eine Hinwendung zu den afrikanischen Wurzeln einher. Diese schienen die mythischen Symbole zu bieten, nach der junge Künstler in der Abkehr vom bisher Bewährten suchten. Damit änderte sich – nicht von ungefähr von Kuba ausgehend – auch der Kulturbegriff. Nach der vom kubanischen Ethnologen Fernando Ortiz entwickelten Theorie der «Transkulturation» hatten sich in Lateinamerika unter dem Einfluss der Migrationsströme neue kulturelle Mischformen herausgebildet.

Die weltweite Beachtung war nicht zuletzt auf den Erfolg von Künstlern und Schriftstellern zurückzuführen, die dem Trend zur Betonung der surrealistischen Elemente folgten. Ein Beispiel war der sogenannte magische Realismus des kolumbianischen Nobelpreisträgers Gabriel García Márquez, der gemeinsam mit Autoren wie dem Mexikaner Carlos Fuentes oder dem Peruaner Mario Vargas Llosa einen regelrechten Boom der lateinamerikanischen Literatur auslöste.

Hinzu kam das neue Element der Massenkultur nordamerikanischen Stils, die sich rasant ausbreitete. Der Kulturbegriff, den die Oligarchie lange im Sinne einer «Hochkultur» definiert hatte, erhielt dadurch eine wesentliche Erweiterung, die sich ab 1945 noch vertiefte. Er war Teil eines Demokratisierungsprozesses, in dem das «Populäre» seine negative Konnotationen schrittweise verlor. Durch Urbanisierung und Bildungsreformen konnten bislang marginalisierte Bevölkerungsgruppen in vielen Ländern in den nationalen Markt und in die nationale Kultur integriert werden. Zugleich war der kulturelle Wandel auf die Entdeckung breiter Bevölkerungsschichten als potenzielle Konsumenten kultureller Produkte zurückzuführen. Parallel dazu setzte sich nach 1945 die Medien- und Kommunikationsrevolution fort, die durch ihre starke US-amerikanische Prägung von Beginn an ein transnationales Element beinhaltete. Neben Kino und Radio trat mit dem Fernsehen seit den 1960er-Jahren ein weiteres Massenmedium auf. Seine Expansion vollzog sich rasch und war aufs Engste mit den Fortschritten in den Industrieländern verbunden. Auch in Lateinamerika sollte das Fernsehen den Alltag der Menschen erheblich beeinflussen.

Die Ansätze zur Förderung der nationalen Kultur trugen lange kaum Früchte. Dies änderte sich erst ab 1960, wenn auch aus unterschiedlichen Gründen. Zum einen brachten die Militärs wie in Brasilien die Medien unter ihre Kontrolle, was dort zur Entstehung des transnationalen Fernsehgiganten *TV Globo* führte, der bald ganz Lateinamerika mit rührseligen Fernsehserien, den *telenovelas*, überschwemmte. Die Militärregime verfolgten eigene kulturpolitische Ziele, indem sie vermeintlich traditionelle Formen von Folklore in Musik und Tanz förderten. Neben dem Kampf gegen den Verfall der moralischen Werte zählte auch die Zurückdrängung der Einflüsse der US-amerikanischen Massenkultur zu den Zielen. Allerdings scheiterten die kulturpolitischen Projekte der Militärs an ihrer mangelnden Attraktivität und am Gegensatz zur neoliberalen Logik des freien Markts, deren Grundideen sich nicht nur in der Wirtschaft immer stärker bemerkbar machten. Mit der Entfaltung der Konsumgesellschaft und der Ausbreitung von Radios und Fernsehgeräten selbst in den Armenvierteln wurden die Botschaften der Kulturindustrie für immer mehr Menschen zugänglich.

Zum anderen förderte das revolutionäre Klima der 1960er-Jahre einen tief greifenden Wandel im Kulturverständnis. Kultur galt nun nicht mehr als unabhängige Sphäre, sondern als hochpolitisiertes Feld. Dem Zeitgeist entsprechend, diagnostizierten Kritiker einen Kulturimperialismus, der als Korrelat des wirtschaftlichen und politischen Imperialismus galt. Auf der kulturellen Ebene habe das zur Folge, dass die Zentren den peripheren Ländern die kommerzielle Massenkultur im Dienst des kapitalistischen Konsumdenkens aufzwängten. Als gefährlich galt insbesondere der Transfer von Einstellungen, Verhaltensweisen und Lebensstilen, die angeblich dem Ziel der Homogenisierung, politischen Demobilisierung und Vereinzelung dienten. Nach dieser Denkart beraubte die imperialistische Kulturindustrie die unterentwickelten Länder ihrer Kultur, ebenso wie der wirtschaftliche Imperialismus deren Rohstoffe raubte.

Als besondere Gefahr galt die dem Kulturimperialismus innewohnende Expansionsdynamik, die auf dem Selbstverständnis der Universalität der ihm eigenen Wertvorstellungen fußte. Demnach warben die transnationalen Medien unaufhörlich für die Konsumgesellschaft westlichen Zuschnitts und höhlten damit die peripheren Staaten Lateinamerikas aus. Künstler und Intellektuelle aus ganz Lateinamerika übernahmen diese antiimperialistische Denkweise, die sich vor allem gegen die USA richtete. Vom Zentrum Kuba ausgehend, taten sie dies mit Unterstützung vieler berühmter Europäer in zahllosen Manifesten kund. Allerdings erwies sich die Kulturimperialismuskritik zunehmend als doktrinär. Abweichler wurden des Verrats an der Revolution bezichtigt. Als Intellektuelle wie der Schriftsteller Guillermo Cabrera Infante aus Kuba fliehen mussten, verlor die Kulturimperialismusschelte langsam, aber sicher an Zuspruch.

Im Laufe der 1980er-Jahre zeigte sich dies am Aufkommen der neuen Kulturtheorien in Lateinamerika. Vor allem mit der Kritik an der Vorstellung vom passiven Rezipienten der Massenkultur, dem jegliche Einwirkungsmöglichkeit auf das vorgesetzte Produkt fehle, kündigte sich ein Paradigmenwechsel in der Debatte um das Kulturkonzept an. So wurde nun argumentiert, dass die Rezipienten die Medien zwar nicht kontrollieren könnten, dass sie aber den Botschaften erst einen sozialen und kulturellen Sinn gäben und damit als eigenständige Subjekte mit legitimen Interessen am Prozess kultureller Sinnbildung beteiligt seien. Durch die Öffnung der Kultur boten sich neue Partizipationsmöglichkeiten, wurden Vorstellungen von Hoch- und Massenkultur nivelliert. Gleichzeitig löste sich die traditionelle Vorstellung einer Essenz der nationalen Kultur auf. Man erkannte zwar die internationale Homogenisierung der Kultur und die damit verbundene Einebnung kultureller Unterschiede als Problem, war jedoch gleichzeitig der Auffassung, dass es sich dabei um einen kreativen kulturellen Aneignungsprozess handelte, der zu hybriden Formen von Kultur führte.

Der neue Kulturbegriff setzte sich allerdings keineswegs überall durch. Stark blieben noch die Vorstellung einer Bedrohung durch das Fremde und die Suche nach dem Eigenen. Dahinter verbarg sich die Idee von monolithischen Kulturen, die einander unversöhnlich gegenüberstanden und bekämpften. Daneben wurde häufig weiterhin zwischen einer negativ konnotierten Massenkultur und einer positiv konnotierten nationalen Kultur unterschieden, die je nach ideologischer Präferenz mal die des Volkes und mal die der Eliten sein konnte. Diese Ideen lagen sowohl dem Ansatz der Kulturimperialismuskritik als auch den elitären traditionalistischen Kulturkonzepten zugrunde. Am Ende des Kalten Kriegs stand jedoch die Erkenntnis, dass die Kulturen eine Quelle der Kraft für einen krisengeplagten Kontinent waren.

In den Jahrzehnten zwischen 1945 und 1990 vollzog sich die historische Entwicklung Lateinamerikas unter den Vorzeichen des Kalten Kriegs. Die Länder des Subkontinents gingen in diesem Zeitraum einen eigenständigen Weg in die Moderne, der Rückwirkungen auf andere Weltregionen hatte. Die nach dem Ende des Zweiten Weltkriegs mit großem Optimismus angegangenen Entwicklungsprojekte stießen jedoch schnell an ihre Grenzen. Aufgrund des Ausbleibens nachhaltiger Erfolge war dies eine Phase enttäuschter Hoffnungen. Viele strukturelle Probleme wie die soziale Ungleichheit blieben ungelöst, und mit dem Bevölkerungswachstum und der Urbanisierung taten sich neue auf. Damit war Lateinamerika allerdings keine Ausnahmeerscheinung.

IX. Die Herausforderungen der neuen Globalisierung

Der welthistorische Umbruch um das Jahr 1990 machte sich auch in Lateinamerika bemerkbar. Mit dem Ende der letzten Militärdiktaturen brachte er eine einschneidende Zäsur. Die Überwindung des Gegensatzes der Blöcke löste Euphorie aus und stellte die bisherige Entwicklungspolitik infrage. Das Ende der «Ersten» und «Zweiten Welt» zog in der entwicklungspolitischen Diskussion die Vorstellung vom «Ende der Dritten Welt» nach sich. Das hieß natürlich nicht, dass die Probleme, die Lateinamerika belasteten, sich verflüchtigt hätten. Im Gegenteil, die Ungleichheit und Unterschiede zwischen den Kontinenten, aber auch innerhalb derselben sollten in der Folgezeit weiter wachsen.

Die Redemokratisierung Lateinamerikas ist zweifellos das Element, an dem sich der Umbruchcharakter von 1989/90 am deutlichsten festmachen lässt. So unterschiedlich die Militärregime trotz gewisser Gemeinsamkeiten im Einzelnen waren, so unterschiedlich war auch ihr Ende. Ecuador machte bereits 1979 den Anfang mit dem Übergang zur Demokratie. Die anderen Länder schlossen sich der Entwicklung an, bis mit Paraguays Alfredo Stroessner (1989) und Chiles Augusto Pinochet (1990) am Ende der Dekade zwei der hartnäckigsten Diktatoren die Schaltstellen der Macht verließen. In das Gesamtbild passte auch die Tatsache, dass es 1990 in Nicaragua wieder zu einer Wahl kam, durch die die Sandinisten ihre Herrschaft verloren. In Mexiko sollte es noch bis zum Jahr 2000 dauern, ehe die Einparteienherrschaft des PRI zu Ende ging. In Kuba dagegen hat sich das kommunistische Regime bis auf den heutigen Tag gehalten.

Der Demokratisierungstrend spielte sich zwar im weiteren Umfeld des Endes des Ost-West-Konflikts ab und war in Zentralamerika sogar die Vorbedingung für die Beendigung eines Regionalkonflikts, der mehr Opfer kostete als die südamerikanischen Militärdiktaturen zusammengenommen. Der entscheidende Grund für den Untergang der Diktaturen war jedoch der im Innern gewachsene Protest gegen die erfolglosen Militärs, die mit ihren Reformprojekten gescheitert waren. Die Bevölkerung in den betroffenen Ländern war nicht bereit, die Repressionen weiter hinzunehmen. Der Widerstand formierte sich vielerorts um die Angehörigen der Opfer von Menschenrechtsverletzungen, die sich lange Zeit den Verfolgungen der Regime ausgesetzt sahen. Unterstützung erhielten sie von der katholischen Kirche. Auch die internationale Öffentlichkeit spielte dabei eine wichtige Rolle.

Bei den Übergängen zur Demokratie handelte es sich nicht um revolutionäre Umbrüche. In den meisten südamerikanischen Ländern bildete die Abdankung der Diktatoren den Abschluss eines vorsichtigen Öffnungsprozesses. In vielen Fällen ließen sich die alten Machthaber als Preis für ihren Rückzug Sonderrechte zusichern, die die Redemokratisierung überschatteten. Besonders wichtig war ihnen die Straffreiheit. Argentinien bildete eine Ausnahme, weil sich die Offiziere hier 1983 überstürzt von der Macht verabschieden mussten, nachdem sie sich durch die Niederlage im Falkland/Malvinas-Krieg gegen Großbritannien 1982 diskreditiert hatten. Daraufhin setzte man eine Wahrheitskommission ein, die bereits 1984 ihren Bericht vorlegte und beispielhaft für viele andere Länder werden sollte. Doch auch in Argentinien blieb eine umfassende Verfolgung der Täter aus. Stattdessen kam es hier wie andernorts zu Amnestiegesetzen, die allerdings auf heftigen Widerstand stießen. Die Vergangenheitspolitik und die juristische Aufarbeitung des Geschehens bleiben bis in die Gegenwart problematisch.

Nach dem Ende des Kalten Kriegs kam es zu Bündnissen alter Gegner. Die traditionellen Eliten konnten ihre Vormachtstellung über die Systembrüche hinweg vielerorts erhalten, indem sie führende Akteure von Guerillabewegungen oder auch ehemalige Militärs schnell integrierten. Die Staaten, die von diesen Eliten dominiert werden, haben allerdings im Zuge der neuen Globalisierung erheblich an Bedeutung und an Gestaltungskraft verloren. Das gilt nicht nur, aber eben in besonderem Maß für Lateinamerika, weil der Staat in dieser Region durch das Erbe von Diktaturen und Bürgerkriegen ohnehin schon stark geschwächt war.

Die Schwäche des Staats vertiefte sich durch die problematische Wirtschaftslage. Mit Recht haben Beobachter darauf hingewiesen, dass die Redemokratisierung in Lateinamerika überraschte, weil sie sich unter schlechten ökonomischen Vorzeichen vollzog. Das Ende des Kalten Kriegs brachte weltweit ein Ende der Staatszentriertheit und marktwirtschaftliche Strukturreformen. Internationale Organisationen wie der Internationale Währungsfonds (IWF) und die Weltbank diktierten neue Bedingungen für Lateinamerika. Zentrale Elemente des Reformprogramms, das als «Konsens von Washington» bekannt wurde, waren der Rückzug des Staats durch Deregulierung des Wirtschaftslebens, die Privatisierung von staatlichen Unternehmen, die Rückkehr ausländischer Investitionen sowie die Reduzierung der Staatsausgaben.

Zu den wichtigen Entwicklungen in diesem Zusammenhang zählte die Liberalisierung des Außenhandels. Als Folge kam es zu einem stärkeren Handelsaustausch zwischen den lateinamerikanischen Staaten und darüber hinaus mit anderen Weltregionen, was sich z. B. an einer Neuausrichtung nach Osten, insbesondere nach China, ablesen lässt. Einige Länder suchten sich mit neuen Exportprodukten erfolgreich ihren Platz auf den globalisierten Märkten. Ferner förderte die Liberalisierung die regionalen wirtschaftlichen Integrationsbemühungen wie etwa 1991 den *Mercado Común del Sur* (*Mercosur*) mit Argentinien, Brasilien, Paraguay und Uruguay oder 1994 das *North American Free Trade Agreement* (NAFTA) mit Kanada, den USA und Mexiko. Durch den Anstieg der Rohstoffpreise und der Nachfrage in Asien waren die Wirtschaftsindikatoren phasenweise tatsächlich positiv. Allerdings gab es auch immer wieder Rückschläge wie die mexikanische Finanzkrise von 1994 und vor

IX. Die Herausforderungen der neuen Globalisierung

allem den wirtschaftlichen Kollaps Argentiniens 2001/02. Schulden und galoppierende Inflation bleiben Strukturprobleme vieler lateinamerikanischer Volkswirtschaften, auch wenn vor allem Mexiko und Brasilien neuerdings international an wirtschaftspolitischem Gewicht gewonnen haben.

War der Neoliberalismus in wirtschaftlicher Hinsicht für die Jahrzehnte seit 1989/90 prägend, so war es in politischer Hinsicht der Neopopulismus, der von Carlos Menem in Argentinien (1989–1999) bis 2013 amtierenden Hugo Chávez in Venezuela (seit 1999) reicht. Viele traditionelle Parteien hatten sich durch ihre Rolle in den Diktaturen diskreditiert oder wurden von der Schwächung des Staats in Mitleidenschaft gezogen. Diese Ausgangslage begünstigte den Aufstieg neuer politischer Bewegungen, die für ihre Grundsatzkritik an den Politikern Zustimmung bei den Wählern fanden. Die Neopopulisten haben es verstanden, sich medial als starke Führungspersönlichkeiten und Alternative zur Parteiendemokratie zu inszenieren. Einige der neuen Caudillos profitierten von ihrer Volksnähe, stammten sie doch aus nicht privilegierten Schichten.

Auch die ehemaligen Befreiungsbewegungen in Zentralamerika profitierten von der Neuausrichtung der Politik und verwandelten sich in Parteien, die etwa in Nicaragua mittlerweile wieder Regierungsverantwortung tragen. Der Wahlsieg des sandinistischen Kandidaten Daniel Ortega 2006 war Teil des in den Medien oft als «Linksrutsch» interpretierten Ausgangs zahlreicher Wahlen 2005/06. Allerdings zeigt ein genauerer Blick, dass es sich bei dieser «Linken» in den verschiedenen Ländern um sehr unterschiedliche politische Strömungen handelt.

Die neue Globalisierung hat seit 1989/90 soziale Problemlagen verändert, die oft tiefe historische Wurzeln haben. So haben etwa die Migrationen eine neue Ausrichtung erfahren. Eine stetig wachsende Zahl von Lateinamerikanern zieht es in der Regel aus wirtschaftlichen Gründen in die reichen Länder des Nordens, vor allem in die USA. Lateinamerika, der frühere Einwanderungskontinent, ist heute die Weltregion mit der höchsten Nettoauswanderungsrate. Auch innerhalb des Subkontinents haben sich neue Migrationsprozesse in wirtschaftlich erfolgreichere Länder herauskristallisiert.

Die Wanderungsbewegungen haben vielfältige gesellschaftliche Transformationen ausgelöst und verändern Herkunfts- und Zielregionen. Lateinamerikaner stellen die größte Einwanderergruppe in den USA, sodass die «Lateinamerikanisierung» der Vereinigten Staaten heute breit diskutiert wird. Die Migranten halten die Beziehungen zur alten Heimat aufrecht und leisten mit ihren Rücküberweisungen mittlerweile volkswirtschaftlich wichtige Beiträge vor allem für Zentralamerika und die Karibik. Durch die Migrationen verändern sich Lebensstile und Grundwerte, was sich etwa am Aufstieg evangelikaler Glaubensgemeinschaften US-amerikanischer Prägung auf Kosten der katholischen Kirche ablesen lässt, wenngleich die Wahl des Argentiniers Jorge Mario Bergoglio zum ersten Papst aus Lateinamerika durchaus Euphorie ausgelöst hat. An den Migrationen werden die Widersprüche der Globalisierung deutlich, denn viele Aufnahmeländer schotten sich ab. Migranten werden dadurch in die Illegalität abgedrängt, und die Migration wird zu einem gefährlichen Unterfangen.

Unsicherheit und Gewalt sind zentrale Faktoren im Alltag der nach wie vor großen Mehrheit der nichtprivilegierten Bevölkerung Lateinamerikas. Die zwei Dekaden seit den politischen Umbrüchen haben nicht den erhofften sozialen Wandel gebracht, die soziale Ungleichheit ist seit 1989/90 vielerorts noch gewachsen. Im weltweiten Vergleich belegen lateinamerikanische Staaten die hintersten Plätze. Ökonomisch relativ starke Staaten wie Argentinien, Mexiko, Chile und vor allem Brasilien bilden Schlusslichter. Strukturelle Probleme wie etwa die ungerechte Landverteilung bestehen in diesen Ländern weiter fort. Der informelle Sektor ist weiter gewachsen, und die Deregulierung schafft Arbeitsverhältnisse, die an längst überwunden geglaubte Formen der Sklaverei erinnern. Ein Meer von Armut umgibt Inseln des Reichtums in Einkaufszentren und abgeschlossenen Wohngebieten, die eine privatisierte Sicherheit bieten. Das Elend wird durch den Raubbau an der Umwelt und Naturkatastrophen wie das verheerende Erdbeben von Haiti vom Januar 2010 verstärkt. Armut und die wachsenden Unterschiede zwischen Arm und Reich sind somit zentrale Probleme für den Subkontinent geblieben, wie sich an den jüngsten Protesten in Brasilien im Umfeld der Fußballweltmeisterschaft oder an den Bildungsprotesten in Chile zeigt.

Die Gewalt schlägt sich auf unterschiedlichen Ebenen nieder und äußert sich zunehmend diffuser. Ein allgemeiner Trend ist die deutliche Verschiebung von der politischen Gewalt der 1970er- und 1980er-Jahre zur sozialen Gewalt, die nicht zuletzt auf die negativen Folgen der neoliberalen Reformpolitik zurückzuführen ist. Die Erbschaft der Militärdiktaturen und Bürgerkriege wirkt in vielen Ländern nach. Kolumbien, das Land der sprichwörtlichen *violencia*, ist ein extremes Beispiel. In diesem Land wie andernorts hat die Drogenkriminalität rechtsfreie Räume geschaffen, die nicht an nationalen Grenzen haltmachen. Insbesondere die organisierte Kriminalität stellt eine schwere Bedrohung dar. In Zentralamerika z.B beteiligen sich daran gewalttätige Jugendbanden, die die schwachen Staaten der Region vor enorme Probleme stellen. So ist Sicherheit mehr denn je zum knappen Gut geworden und stellt die Regierbarkeit vielerorts infrage.

Weltweit hat die neue Globalisierung eine Rückbesinnung auf das Lokale, eine Revitalisierung traditioneller Identitäten ausgelöst. In Lateinamerika ist der Aufstieg der neuen indigenen Bewegungen ein Ausdruck dieser Tendenzen. Diese Bewegungen zeigen zum einen die gewachsene Bedeutung der Zivilgesellschaft, nachdem die Konsolidierung der jungen Demokratien eine Pluralisierung der sozialen Akteure ermöglicht hat. Zum anderen stehen sie für eines der ältesten ungelösten Probleme Lateinamerikas. Die Entstehung der indigenen Bewegungen ist einerseits – wie der Aufstand der Neozapatisten 1994 als Antwort auf den NAFTA-Beitritt Mexikos besonders deutlich machte – eine Reaktion auf die negativen Begleiterscheinungen der neuen Globalisierung. Andererseits hat diese besonders günstige Voraussetzungen für ihren Erfolg geschaffen.

Mit dem Medieninteresse rund um das 500-jährige Jubiläum der Entdeckung und Eroberung Amerikas 1992 traten indigene

Forderungen nach Land und nach Anerkennung der kulturellen Autonomie in den Mittelpunkt der Weltöffentlichkeit. Der seitdem erzielte Wandel hat sich in Verfassungsreformen niedergeschlagen, die die Rechte der indigenen Bevölkerung garantieren. In Bolivien ist mit Evo Morales ein indigener Politiker an die Macht gekommen, der diesen Wandel verkörpert. Allerdings zeigen die Probleme Boliviens, die das Land an den Rand des Staatszerfalls brachten, dass diese Entwicklung nach wie vor höchst umkämpft ist. Die hohen Erwartungen der indigenen Bewegungen haben sich bis heute nicht vollständig erfüllt. Insbesondere hat sich die abwertende Grundhaltung in weiten Teilen der lateinamerikanischen Bevölkerung gegenüber den Indigenen noch nicht genug gewandelt, um die seit mehr als 500 Jahren bestehende Ungerechtigkeit grundlegend zu verändern.

Lateinamerika wurde in den Jahrzehnten seit 1990 durch die Auswirkungen der neuen Phase der Globalisierung nachhaltig geprägt und steht inmitten der damit verbundenen Dynamiken. Es ist Teil der Beschleunigung und Verdichtung der Verflechtungen zwischen den Erdteilen. Die politischen, wirtschaftlichen, sozialen und kulturellen Rahmenbedingungen sind vor diesem Hintergrund in den letzten Jahren starkem Wandel unterworfen, auch wenn viele strukturelle Probleme scheinbar unverändert weiterexistieren. Bei manchen auswärtigen Beobachtern hat dies die Vorstellung von einem permanenten Krisenkontinent hervorgerufen, in dem sich in den nunmehr fast zweihundert Jahren seit der Unabhängigkeit kaum etwas geändert habe. Als Gründe dafür hat man in den letzten Jahren immer mal wieder essenzialistische Erklärungsmuster herangezogen: Lateinamerika sei durch seine kulturellen Vorprägungen und sein iberisches Erbe letztlich nicht in der Lage, die Misere zu überwinden. Derartige Einschätzungen sind nicht nur ahistorisch, sie übersehen auch die Eigenständigkeit und Unterschiede der Entwicklungen innerhalb der Region. Wer sie verstehen will, muss die Geschichte Lateinamerikas kennen.

Grunddaten zur lateinamerikanischen Geschichte

vor 12 500 v. Chr.	Einwanderung von Menschen nach Amerika
um 12 500 v. Chr.	Siedlung von Monte Verde
um 11 500 v. Chr.	Steinwerkzeuge und Speerspitzen der Clovis-Kultur
bis 8000 v. Chr.	Paläoindianische Phase
8000–2000 v. Chr.	Sesshaftwerdung
2000–200 v. Chr.	Frühe Kulturen (Olmeken, Chavín)
200 v.–900 n. Chr.	Klassische Kulturen (Monte Albán, Teotihuacán, Maya, Moche, Tiahuanaco, Huari)
um 1000	Aufstieg von Tollan und Chichen Itza
ca. 1200–1500	Vorherrschaft Mayapáns in Yucatán
ca. 1200–1465	Chimú
ca. 1325	Gründung Tenochtitlans
ca. 1430	Beginn der Expansion des Aztekenreichs
ca. 1438	Beginn der Expansion des Inkareichs
1492	Kolumbus landet auf Guanahani
1494	Vertrag von Tordesillas
1500	Cabral an der brasilianischen Küste
1502–1519	Herrschaft Montezumas II.
1503	Einrichtung des Systems der *encomienda*
1505	Erste Sklaven aus Afrika auf Hispaniola
1507	Erfindung des Namens «Amerika»
1511	Gründung der *audiencia* von Santo Domingo
1513	Vasco Núñez de Balboa am Pazifik
	Requerimiento des Kronjuristen Palacios Rubios
1519–1521	Eroberung des Aztekenreichs durch Hernán Cortés
1519–1522	Erste Weltumsegelung durch Fernão de Magalhães
1527–1532	Erbfolgekrieg zwischen Atahualpa und Huáscar
1531–1533	Francisco Pizarro erobert das Inkareich
1532	Übergang zur Siedlungskolonisation in Brasilien
1535	Errichtung des Vizekönigreichs Neu-Spanien
1535–1538	Pedro de Mendoza im Río-de-la-Plata-Raum
1540–1553	Pedro de Valdivia in Chile
1541–1542	Amazonas-Fahrt des Francisco de Orellana
1542	«Neue Gesetze» Karls V.
1543	Errichtung des Vizekönigreichs Peru
1549	Zentralverwaltung in São Salvador da Bahia
1564	Einführung des Flottensystems

1567	Vertreibung der Franzosen aus Brasilien
1569–1581	Vizekönig Francisco de Toledo in Peru
1572	Hinrichtung des letzten Inka Túpac Amaru
1573	Einführung der Manila-Galeone
1580–1640	Personalunion der Kronen Spaniens und Portugals
1609	Erste Jesuitenreduktionen in Paraguay
1615	Guaman Poma de Ayala: *Nueva Corónica*
1628	Piet Heyn kapert die neuspanische Silberflotte
1630–1654	Holländer in Brasilien
1655	Engländer in Jamaika
1697	Friede von Rijswijk: Saint-Domingue an Frankreich
1700	Bourbonen in Spanien
1717	Einrichtung des Vizekönigreichs Neu-Granada
1756–1777	Aufgeklärte Reformen unter Marquês de Pombal
1759–1788	Reformpolitik unter König Karl III.
1763	Rio de Janeiro wird Hauptstadt
1767	Verbannung der Jesuiten aus Hispanoamerika
1777	Einrichtung des Vizekönigreichs Río de la Plata
1780–1783	Revolte der *comuneros* in Neu-Granada
1780/81	Aufstand von Túpac Amaru II. in Peru
1789–1804	Revolution und Unabhängigkeit Haitis
1799–1804	Amerikareise Alexander von Humboldts
1807/08	Flucht des portugiesischen Hofes nach Rio de Janeiro
1808	Napoleon in Spanien
1810	Cortes von Cádiz
1810–1826	Unabhängigkeitskriege in Hispanoamerika
1812	Verfassung von Cádiz
1815	Brasilien und Portugal bilden Vereinigtes Königreich
1822	Unabhängiges Kaiserreich Brasilien
1823	Monroe-Doktrin
1826	Kongress von Panama
1826	Beginn der ersten Schuldenkrise in Lateinamerika
1829–1852	Juan Manuel Rosas, Caudillo des La-Plata-Raums
1830	Tod Bolívars und Auflösung Groß-Kolumbiens
1846–1848	Mexikanisch-US-amerikanischer Krieg
1856/57	William Walker in Nicaragua
1862	Endgültige Wiedervereinigung Argentiniens
1862–1867	Franzosen in Mexiko: Kaisertum unter Maximilian I.
1864–1870	Tripelallianz-Krieg
1868–1878	Zehnjähriger Aufstand gegen Spanien auf Kuba
1876–1911	Präsidentschaft von Porfirio Díaz in Mexiko (Porfiriat)
1879–1883	Salpeterkrieg
1879–1885	«Wüstenkrieg» in Argentinien gegen Indigene
1888	Ende der Sklaverei in Amerika (Brasilien)
1889	Ausrufung der Republik in Brasilien

Grunddaten zur lateinamerikanischen Geschichte

1889/90	Panamerikanische Konferenz in Washington
1891	José Martí: «Unser Amerika» (*Nuestra América*)
1898/99	Spanisch-Kubanisch-Amerikanischer Krieg
1899–1902	«Tausend-Tage-Krieg» in Kolumbien
1903	Unabhängigkeit Panamas
1910–1920	Mexikanische Revolution
1919	*Semana trágica* in Argentinien
1924	Gründung der peruanischen APRA
1927–1934	Guerillakrieg Sandinos in Nicaragua
1928	Gründung der Vorläuferin des PRI in Mexiko
1930–1933	Weltwirtschaftskrise in Lateinamerika
1932–1935	Chaco-Krieg Boliviens gegen Paraguay
1933	US-amerikanische «Politik der guten Nachbarschaft»
1937–1945	*Estado Novo* von Getúlio Vargas in Brasilien
1946–1955	Präsidentschaft von Juan Domingo Perón in Argentinien
1948	Gründung der CEPAL und der OAS
ca. 1948–1963	Phase der *violencia* in Kolumbien
1952	Revolution des MNR in Bolivien
1954	Putsch gegen Jacobo Arbenz in Guatemala
1959	Sieg der Kubanischen Revolution unter Fidel Castro
1964–1984	Militärdiktatur in Brasilien
1968	Militärputsch in Peru unter Juan Velasco Alvarado
	«Massaker von Tlatelolco» in Mexiko
1970–1973	Salvador Allende in Chile
1973–1984	Militärdiktatur in Uruguay
1973–1990	Militärdiktatur in Chile
1976–1983	Militärdiktatur in Argentinien
ca. 1978–1993	Medellín-Kartell im Kokainhandel
1979	Revolution in Nicaragua
1980–1992	Bürgerkrieg in El Salvador
1980–1992	Maoistischer *Sendero Luminoso* in Peru
1982	Schuldenkrise in Mexiko
1987	Esquipulas-Abkommen für Frieden in Zentralamerika
1991	Gründung des *Mercosur*
1992	500-Jahr-Feier der «Entdeckung» Amerikas
1994	Aufstand der mexikanischen Neozapatisten
1999	Hugo Chávez wird Präsident von Venezuela
2000	Abwahl des PRI in Mexiko
2001–2002	Wirtschaftskollaps in Argentinien
2006	Evo Morales erster indigener Präsident Boliviens
2008	Raúl Castro Staatschef von Kuba
2009	Beginn der 200-Jahr-Feiern der Unabhängigkeit
2010	Schwere Erdbeben verwüsten Haiti und Chile
2013	Wahl des ersten Papstes aus Lateinamerika

Literaturauswahl

Aus der Fülle der Literatur konnten nur wenige grundlegende Titel aufgenommen werden, die einen länderübergreifenden Fokus und weiterführende Literaturangaben aufweisen.

Handbücher und Überblicksdarstellungen

Bakewell, P.: A History of Latin America. Malden ²2004.
Cambridge History of Latin America. 11 Bde. Cambridge 1984–1995.
Cambridge History of the Native Peoples of the Americas. Cambridge 2000.
Cambridge Economic History of Latin America. 2 Bde. Cambridge 2006.
Carmagnani, M.: El otro Occidente: América Latina desde la invasión europea hasta la globalización. Mexiko 2004.
Davis, D. B.: Inhuman Bondage: The Rise and Fall of Slavery in the New World. Oxford 2006.
Encyclopedia of Latin American History and Culture. 6 Bde. Farmington Hills ²2008.
Galeano, E.: Die offenen Adern Lateinamerikas. Wuppertal 2002.
General History of the Caribbean. 6 Bde. Paris 1999–2004.
González, J. und O.: Christianity in Latin America. Cambridge 2008.
Handbuch der Geschichte Lateinamerikas. 3 Bde. Stuttgart 1992–1996.
Hausberger, B., und G. Pfeisinger (Hg.): Die Karibik. Geschichte und Gesellschaft 1492–2000. Wien 2005.
Hensel, S. und B. Potthast: Lateinamerika-Lexikon. Wuppertal 2013.
Historia General de América Latina. 9 Bde. Paris 1999–2006.
König, H.-J.: Kleine Geschichte Lateinamerikas. Stuttgart 2006.
Klein, H. S., und B. Vinson: African Slavery in Latin America and the Caribbean. New York ²2007.
Meissner, J., U. Mücke und K. Weber: Schwarzes Amerika: Eine Geschichte der Sklaverei. München 2008.
Mörner, M.: Aventureros y proletarios: los emigrantes en Hispanoamérica. Madrid 1992.
Potthast, B.: Von Müttern und Machos: Eine Geschichte der Frauen Lateinamerikas. Wuppertal 2003.
Rehrmann, N.: Lateinamerikanische Geschichte. Reinbek 2005.
Rinke, S., G. Fischer und F. Schulze (Hg.): Geschichte Lateinamerikas vom 19. bis zum 21. Jahrhundert: Quellenband. Stuttgart 2009.
Stüwe, K., und S. Rinke (Hg.): Die politischen Systeme Nord- und Lateinamerikas. Wiesbaden 2008.

Werz, N.: Lateinamerika: Eine Einführung. Baden-Baden 2005.
Zeuske, M.: Handbuch Geschichte der Sklaverei. Berlin 2013.

Das vorkolumbische Amerika

Azteken. Köln 2003.
Grube, N., et al. (Hg.): Maya: Gottkönige im Regenwald. Köln 2000.
Haberland, W.: Amerikanische Archäologie. Darmstadt 1991.
Julien, Catherine: Die Inka. München ²2001.
Köhler, U. (Hg.): Altamerikanistik. Berlin 1990.
Meltzer, D.: First Peoples in a New World. Berkeley 2009.
Prem, H. J.: Geschichte Altamerikas. München 1989.

Kolonialzeit

Barral, Á.: Rebeliones indígenas en la América española. Madrid 1992.
Bitterli, U.: Die Entdeckung Amerikas. München 1999.
Brading, D.: The First America: The Spanish Monarchy, Creole Patriots and the Liberal State, 1492–1867. Cambridge 1991.
Burkholder, M., und L. Johnson: Colonial Latin America. Oxford ³2001.
Edelmayer, F., et al. (Hg.): Die Neue Welt: Süd- und Mittelamerika in ihrer kolonialen Epoche. Wien 2001.
Elliott, J. H.: Empires of the New World: Britain and Spain in America, 1492–1830. New Haven 2007.
Florescano, E. (Hg.): Haciendas, latifundios y plantaciones en América Latina. Mexiko 1975.
Guerra, F.-X., und A. Lemperière (Hg.): Los espacios públicos en Iberoamérica: ambigüedades y problemas, siglos XVIII–XIX. Mexiko 1998.
König, H.-J.: Die Entdeckung und Eroberung Amerikas. Freiburg 1992.
König, H.-J., et al. (Hg.): Die Eroberung einer neuen Welt. Schwalbach ²2008.
O'Phelan, S.: Rebellions and Revolts in Eighteenth Century Peru and Upper Peru. Köln 1985.
Rinke, S.: Kolumbus und der Tag von Guánahani 1492. Stuttgart 2013.
Román Gutiérrez, J. F. (Hg.): Las reformas borbónicas y el nuevo orden colonial. Mexiko 1998.
Romano, R.: Coyunturas opuestas: la crisis del siglo XVII en Europa e Hispanoamérica. Mexiko 1993.
Russell-Wood, A. J. R.: The Portuguese Empire, 1415–1808. Baltimore 1998.
Weber, D.: Bárbaros. Spaniards and their savages in the Age of Enlightenment. New Haven 2005.

Unabhängigkeit und 19. Jahrhundert

Adelman, J.: Sovereignty and Revolution in the Iberian Atlantic. Princeton 2006.
Andrews, G.: Afro-Latin America, 1800–2000. Oxford 2004.

Annino, A., et al. (Hg.): Historia de las elecciones en Iberoamérica, siglo XIX: de la formación del espacio nacional. Buenos Aires 1995.
Chust, M., und J. A. Serrano (Hg.): Debates sobre las independencias iberoamericanas. Frankfurt a. M. 2007.
Earle, R.: The Return of the Native: Indians and Myth-Making in Spanish America, 1810–1930. Durham 2007.
Forment, C.: Democracy in Latin America, 1760–1900. Chicago 2003.
Geggus, D., und N. Fiering (Hg.): The World of the Haitian Revolution. Bloomington 2009.
Guerra, F.-X.: Modernidad e independencias. Mexiko 1993.
Lynch, J.: Caudillos in Spanish America, 1800–1850. Oxford 1992.
Malerba, J. (Hg.): A independência brasileira. Rio de Janeiro 2006.
Marichal, C.: A Century of Debt Crisis in Latin America. Princeton 1989.
Riekenberg, M.: Ethnische Kriege in Lateinamerika. Stuttgart 1997.
Rinke, S.: Revolutionen in Lateinamerika: Wege in die Unabhängigkeit, 1760–1830. München 2010.
Rodríguez, J.: The Independence of Spanish America, New York 1998.
Sábato, H. (Hg.): Ciudadanía política y formación de las naciones: perspectivas históricas de América Latina. Mexiko 1999.

20. und 21. Jahrhundert

Albert, B.: South America and the First World War. Cambridge 1988.
Bernecker, W., et al. (Hg.): Lateinamerika 1870–2000. Wien 2007.
Conniff, L.: Populism in Latin America. Tuscaloosa 1999.
Cueva Perua, M.: Violencia en América Latina y el Caribe. Mexiko 2006.
Drake, P.: Between Tyranny and Anarchy: A History of Democracy in Latin America. Stanford 2009.
Gootenberg, P. (Hg.): Cocaine: Global Histories. London 1999.
Lewis, P.: Authoritarian Regimes in Latin America. Lanham 2006.
Loveman, B.: For la Patria: Politics and the Armed Forces in Latin America. Wilmington 1999.
Maldonado, A., et al.: Revoluciones latinoamericanas. Morelia 2006.
McPherson, A.: Intimate Ties, Bitter Struggles. The United States and Latin America Since 1945. Washington, D.C., 2006.
Melgar Bao, R.: El movimiento obrero latinoamericano. Mexiko 1988.
Miller, N.: In the Shadow of the State. Intellectuals and the Quest for National Identity in Twentieth-Century Spanish America, London 1999.
Thorp, R. (Hg.): Latin America in the 1930s. Oxford 1984.
Tobler, H.-W.: Die mexikanische Revolution. Frankfurt a. M. 1992.
Vayssière, P.: Les révolutions d'Amérique latine. Paris ²2002.
Wickham-Crowley, T.: Guerrillas and Revolution. Princeton 1992.

Personenregister

Alberdi, Juan Bautista 81
Alexander VI. 24
Allende, Salvador 107, 123
Almagro, Pedro de 26–27
Alvarado, Pedro de 26
Arbenz, Jacobo 106, 123
Atahualpa 26–28, 121
Ayala, Guaman Poma de 45, 122

Batista, Fulgencio 106
Bello, Andrés 83
Benalcázar, Sebastián de 27
Bergoglio, Jorge Mario (Papst Franziskus) 118
Bilbao, Francisco 84
Bolívar, Simón 60, 62–65, 122

Cabral, Pedro Álvares 25, 121
Cabrera Infante, Guillermo 112
Cárdenas, Lázaro 96
Cardoso, Fernando Henrique 104
Carranza, Venustiano 88
Carrera, Rafael 69
Castro, Fidel 106–107, 123
Castro, Raúl 123
Chávez, Hugo 117, 123
Coligny, Gaspard de 36
Cortés, Hernán 26, 121
Cortés, Martín 29
Cruz, Juana Inés de la 44

Dessalines, Jean-Jacques 57
Díaz, Porfirio 69, 88, 122

Ferdinand VI. 50
Ferdinand VII. 58–59, 64
Fleury, Jean 36

Francia, José Gaspar Rodríguez de 61, 69
Fuentes, Carlos 110

Gama, Vasco da 25
García Márquez, Gabriel 110
Godoy, Manuel de 57
Gutiérrez de Piñedes, Juan Francisco 55
Gutiérrez, Gustavo 105

Haya de la Torre, Víctor Raúl 91
Heyn, Piet 45, 122
Hidalgo, Miguel 59
Huáscar 26, 121
Huayna Cápac 20, 26
Huerta, Victoriano 88
Humboldt, Alexander von 54, 122

Iturbide, Agustín de 64

João III. 36
João VI. 66
Juárez, Benito 80

Karl III. 50, 52, 122
Karl IV. 57–58
Karl V. 121
Kolumbus, Christoph 23–25, 29, 121

Las Casas, Bartolomé de 33–34
Leguía, Augusto 94

Madero, Francisco 87–88
Magalhães, Fernão de 25, 121
Manco Cápac 19–20
Manco Inca 26–27

Mariátegui, José Carlos 90
Martí, José 85, 123
Maximilian 82, 122
Mendoza, Pedro de 27, 121
Menem, Carlos 117
Mitre, Bartolomé 73
Monroe, James 82, 122
Montezuma II. 18, 27, 121
Morales, Evo 120, 123
Morelos, José María 59
Morillo, Pablo 62–63

Napoleon Bonaparte 57–59, 122
Núñez de Balboa, Vasco 25, 121

Orellana, Francisco de 27, 121
Orozco, Pascual 88
Ortega, Daniel 117
Ortiz, Fernando 110

Pachacútec Inca Yupanqui 20
Páez, José Antonio 63, 72
Palacios Rubios, Juan López de 28, 121
Paz Estenssoro, Víctor 106
Pedro I. 66
Perón, Juan Domingo 96, 123
Philipp V. 49–50
Pinochet, Augusto 109, 114
Pizarro, Francisco 26–27, 121
Pizarro, Gonzalo 29
Pombal, Marquês de 51–52, 122
Potosí 35
Prebisch, Raúl 101

Quetzalcoatl 16–17

Rivera, Diego 92
Rosas, Juan Manuel 72, 122

San Martín, José de 62, 64
Sandino, Augusto César 91, 107, 123
Sarmiento, Domingo Faustino 80
Somoza, Anastasio 107
Sonthonax, Léger Félix 56
Stroessner, Alfredo 109, 114
Sucre, Antonio José de 65

Toledo, Francisco de 42, 122
Torres Caicedo, José María 84
Torres, Camilo 105
Toussaint L'Ouverture, François Dominique 56–57
Túpac Amaru I. 27, 38, 122
Túpac Amaru II. 55, 122

Valdivia, Pedro de 27, 121
Vargas Llosa, Mario 110
Vargas, Getúlio 96, 123
Vasconcelos, José 92
Velasco Alvarado, Juan 123
Vespucci, Amerigo 25
Villa, Francisco (Pancho) 88

Walker, William 73, 122

Zapata, Emiliano 88